843
TÉN
ISN: 026162
TL927
5
MW01714992

LE FÉLIN
Agent secret médiéval

Gare au chevalier-loup !

Riverdale High School Library
5060 Sources Blvd.
Pierrefonds, PQ H8V 3E4

Arthur Ténor

Arthur Ténor vit en Auvergne et travaille dans le domaine de la formation professionnelle. Il rêve de se consacrer pleinement à sa passion : l'écriture de romans pour la jeunesse. Il a déjà publié des récits fantastiques (*Alerte aux virulents*, éditions Magnard, coll. Les Fantastiques) et des romans d'aventures (*Le Dernier des Templiers*, éditions Hachette Jeunesse, coll. Le Livre de Poche Jeunesse).

Un formidable terrain de jeu

« Pour un auteur, l'univers médiéval est un formidable terrain de jeu et d'inspiration. Je me revois écolier, pourfendant l'air de mon épée imaginaire, bataillant furieusement, tantôt chevalier accroché au dos d'un camarade, tantôt destrier bousculant l'ennemi. En imaginant les aventures du Félin, je retrouve un peu de ces rêves d'héroïsme de mon enfance. »

ARTHUR TÉNOR

© Éditions J'ai lu, 2002

LE FÉLIN
Agent secret médiéval

Gare au chevalier-loup !

Arthur Ténor

Illustrations de Jean-Michel Ponzio

J'ai lu jeunesse

La Lance à incendie

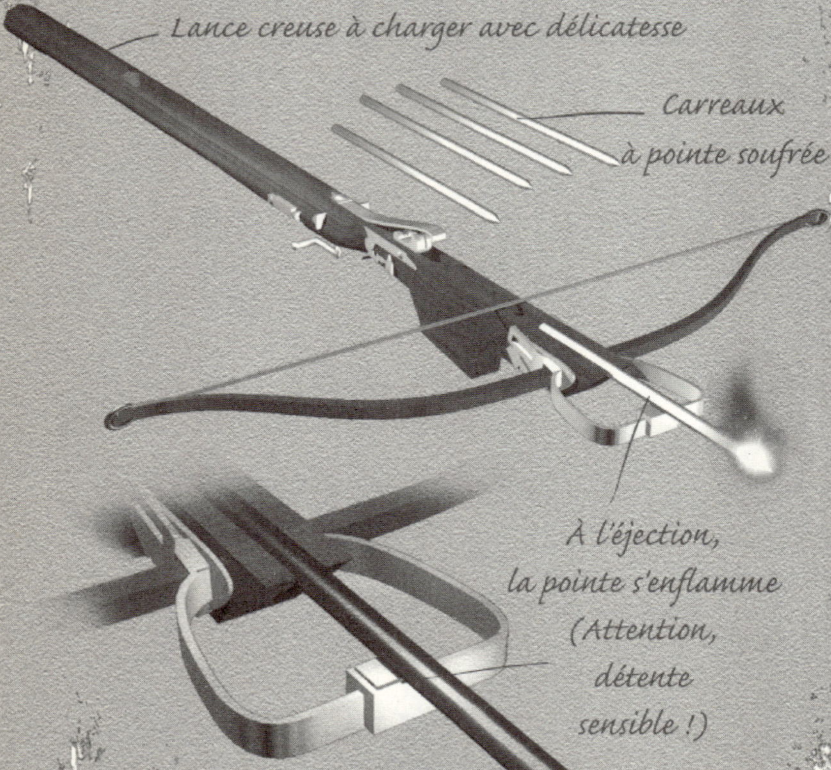

1

Le chevalier-loup

La jeune femme trébuche sur une branche morte et tombe à genoux dans la neige. Elle jette un rapide coup d'œil derrière elle, se relève et reprend sa course folle à travers la forêt. Haletante, le visage ruisselant de larmes et de neige fondue, elle dévale une pente, se faufile entre deux énormes rochers, chute à nouveau. L'épuisement qui la gagne ne lui laisse guère d'espoir d'échapper à ses poursuivants, mais elle puise dans sa terreur assez de force pour continuer sa fuite éperdue.

Quelques instants plus tard, une silhouette surgit au sommet d'un des rochers. Jambes fléchies, l'homme paraît humer l'air comme un prédateur. Un sourire se forme sous son épaisse barbe noire.

Il regarde en arrière, pousse une sorte de grognement qui pourrait être un appel, et tend vivement le doigt dans la direction prise par la biche en jupons. Le galop d'un cheval résonne au-delà des rochers, puis un cri s'élève :

— Yaaa !

Devant la fuyarde s'ouvre tout à coup un profond fossé. Elle s'y laisse glisser. Au fond coule un ruisseau qu'elle franchit d'un bond. Puis elle commence à gravir le versant opposé en s'aidant des deux mains. Au sommet, elle se retourne et comprend qu'elle n'échappera pas au chasseur. Alors elle se défendra ! Elle regarde autour d'elle, ramasse une branche pour s'en servir de gourdin. Ensuite elle attend, souffle court, mâchoires serrées. Une mèche de sa longue chevelure noire, collée sur son visage, renforce son expression farouche. Elle plisse les yeux pour mieux distinguer la tache blanche qui zigzague au loin entre les troncs. Soudain, une ombre se dresse dans son dos, lui plaque une main sur la bouche et l'oblige à se coucher.

— Chut ! Ne criez pas !

Elle cesse de se débattre.

— N'ayez crainte, il ne peut traverser cette ravine avec son cheval, lui murmure l'inconnu à l'oreille.

Sa voix est grave, rassurante. Il desserre son étreinte. La femme tourne la tête et découvre au-dessus d'elle le visage à la fois doux et déterminé d'un guerrier. Sa chevelure brune mi-longue est retenue sur la nuque par un lien de cuir. Les yeux bleu nuit de l'homme inspirent confiance à la fugitive. Elle acquiesce, puis demande :

— Qui êtes-vous ?

— Yvain de Bréa, chevalier du seigneur de Montbrisac.

— Le Félin ! Dieu soit loué !

Elle l'enlace avec fougue. Délicatement, il lui plaque à nouveau une main sur la bouche et l'entraîne derrière le fût d'un énorme chêne. Le chasseur atteint le ruisseau. C'est un immense cavalier monté sur un coursier blanc à la superbe crinière ondoyante. Il est revêtu d'une singulière armure dont le métal clair reflète l'éclat de la neige. Son heaume représente une tête de loup au regard bas. Sur son dos s'étale une longue cape de fourrure immaculée.

Il tourne la tête à droite puis à gauche pour repérer un passage. Il relève la visière de son heaume, laissant apparaître un visage livide dont les yeux à l'iris rouge sont frangés de cils blancs. Le regard du chevalier-loup s'arrête sur le chêne qui lui fait face, puis devient acéré comme s'il percevait la présence du Félin et de la jeune femme. Un long moment, il conserve une parfaite immobilité. Son limier le rejoint, essoufflé, mais disposant d'encore assez de ressources pour poursuivre la traque. Il attend l'ordre de son maître.

Se sachant repéré, le chevalier de Bréa décide de se montrer. Il coiffe son heaume en tête de panthère noire afin de cacher son visage. Il se dresse, l'épée à la main. Son armure anthracite, dont les formes évoquent une puissante musculature, lui donne une allure effrayante. Le chevalier-loup ne manifeste aucune réaction. Le limier, par contre, ouvre de grands yeux effarés.

Après un court moment de confrontation silencieuse, le chasseur demande :

— Holà, chevalier, à qui ai-je l'honneur ?

Son accent slave lui fait rouler les *r*.

— Yvain de Bréa. Et vous, messire ?

— Comte Zarkis. N'auriez-vous point croisé une sauvageonne fuyant la justice de Dieu ?

— Elle est près de moi... sous ma protection. Que lui voulez-vous, messire comte ?

Un sourire se forme sur les lèvres pâles du chevalier-loup.

— Moi, rien. Mais Dieu ordonne qu'elle lui soit envoyée pour subir sa divine justice.

— Envoyée en fumée ! précise le limier en ricanant.

— Qu'a-t-elle fait ? demande Yvain.

— Sorcellerie, magie noire, envoûtement et autres pratiques infernales.

— C'est faux ! s'écrie l'accusée en se relevant d'un bond. C'est vous qu'on devrait envoyer au bûcher !

S'adressant au Félin, elle poursuit d'une voix sourde :

— Avez-vous vu, chevalier, le rougeoiement qui habite son regard ? Ce guerrier nous vient tout droit des enfers.

Le chevalier-loup sourit.

— Ce n'est point moi qui jugerai cette folasse, déclare-t-il. Je ne suis que le bras armé de Dieu. Et j'obéis à son représentant, l'inquisiteur Gonthier de Charmieux.

À l'évocation du mot *inquisiteur*, une expression d'épouvante passe sur le visage de la jeune femme. Elle s'empare du bras du chevalier de Bréa et le supplie de ne point l'abandonner à ces « charognards ». Le Félin sait qu'elle n'exagère pas. Les inquisiteurs sont des fanatiques de la religion ; ils traquent comme des fous tous ceux qui n'obéissent pas à ses lois. N'importe qui peut tomber sous le coup de leur justice et être condamné comme hérétique. Les châtiments sont effroyables : tortures et purification par le bûcher…

Il lève son épée et déclare :

— Comte Zarkis, vous êtes entré sur les terres du seigneur de Montbrisac dont je protège les intérêts. Je vous demande de vous en retourner, ou nous devrons nous affronter.

Le chevalier-loup fixe longuement le Félin. Puis, d'un geste lent, il abaisse la visière en museau de loup de son heaume. Le limier émet un gloussement d'excitation, persuadé que son maître va engager le combat. Mais celui-ci déclare :

— Soit, chevalier de Bréa. Je suis comme vous un défenseur de l'ordre ; je me retire… Rappelez seulement à votre seigneur que la justice de Dieu est partout en ses terres.

Sur ces mots lourds de menace, il ordonne à sa monture de faire demi-tour. Le limier salue le Félin et lance à l'attention de sa protégée :

— À bientôt, joli petit rôti !

2

Le récit de Fiorina

Les bras croisés autour du corps, Gilles d'Estrée, le jeune écuyer du Félin, saute d'un pied sur l'autre au milieu d'un chemin forestier. À quelques pas attendent deux montures dont un superbe étalon noir. Pour tromper son ennui et se réchauffer, il s'empare d'une branche et s'en sert d'épée pour attaquer un innocent bouleau.

— Meurs, coquin !

Il cogne le tronc qui semble protester en faisant choir un paquet de neige sur sa tête blonde. Un rire féminin résonne dans le bois. Gilles se retourne et voit revenir son maître accompagné d'une femme très brune, séduisante et souriante…

— Fiorina, je vous présente Gilles, mon écuyer, annonce Yvain.

L'adolescent incline le buste :

— Pour vous servir, madame.

— Qu'il est mignon ! rit la belle Italienne. Mais voici trop d'honneur pour une sorcière, ajoute-t-elle en adressant un regard espiègle au chevalier.

— Vous avez réussi à la rejoindre, maître, dit Gilles, me voilà soulagé, car je commençais à me faire du souci.

— Vous étiez à ma recherche ? s'étonne Fiorina.

— Votre frère Giacomo a croisé le seigneur de Montbrisac qui chassait, tôt ce matin, à quelques lieues d'ici, explique Yvain. Il fuyait les soldats du prévôt[1] de Montfou.

— Moi, c'est le diable que je fuyais ! s'exclame la jeune femme. Tandis que mon frère attirait nos poursuivants vers l'ouest, je courais vers l'est. Mais je n'avais aucune chance d'échapper aux yeux du démon, dit-elle en regardant le ciel où tournoient en croassant de sombres corneilles. Quand notre troupe de bateleurs est arrivée à Montfou, cela faisait deux semaines que les habi-

1. Prévôt : officier ou magistrat chargé de surveiller un territoire et d'y faire régner l'ordre.

tants subissaient la folie d'un moine envoyé par l'évêque de Clermont pour traquer l'hérétique. Notre malheur fut d'installer nos tréteaux sur la place de ce maudit bourg. Quelle sottise ! Nous aurions dû le fuir comme la peste. Seuls des soldats en goguette assistèrent à notre spectacle. Je vous laisse deviner la suite...

— De quoi vous accuse-t-on ? demande Gilles.

— Je ne sais. De toutes sortes de péchés... D'un seul en fait : celui de divertir. L'inquisiteur voulut nous mettre à l'amende pour « douteuses pratiques du rire ». Bien sûr, mon père se rebella. Alors il fut arrêté et, le croirez-vous ? avec notre singe !

— Oh ! Vous possédez un singe ! s'exclame Gilles.

— Eh oui, mon garçon, un vrai pitre hérétique ! Il n'a pas fait sa prière depuis au moins... dix ans, termine-t-elle avec un sourire triste.

Fiorina frissonne et les larmes commencent à couler sur ses joues au teint hâlé. Sur un ordre discret d'Yvain, l'écuyer apporte une cape de fourrure. Le chevalier enveloppe les épaules de la rescapée puis propose :

— Allons au château. Nous continuerons cette conversation au chaud.

— Volontiers ! s'exclame Gilles d'une voix enjouée. Puis-je vous offrir une place sur ma monture ?

demande-t-il à Fiorina en jetant un coup d'œil complice à son maître.

— J'accepte, damoiseau ! s'enthousiasme l'Italienne.

Sous le regard éberlué de l'adolescent, elle saute en selle avec la fougue d'une amazone, puis elle lui tend une main pour l'inviter à la rejoindre... derrière elle !

Du haut d'un tertre enneigé, le chevalier-loup les regarde disparaître avec un air satisfait. Il n'oubliera aucun de ces visages...

Dans la grande salle de son château, le seigneur de Montbrisac et sa fille unique Isabeau conversent avec Giacomo, un jeune homme à la chevelure brune dont la voix vigoureuse chante les couleurs de l'Italie. Ils se sont installés près de l'immense cheminée où flambe un feu ardent. Le chevalier de Bréa, Gilles et Fiorina font leur entrée, provoquant aussitôt les effusions de joie du jeune Italien :

— Fiorina ! Tou as échappé à ces faucons ! Oh, merci, Dieu !

Il tombe en pleurant dans les bras de sa sœur.

— Remercie d'abord ce vaillant chevalier, dit Fiorina, car c'est à lui que je dois d'avoir échappé au démon aux yeux de sang.

Giacomo se jette aux pieds d'Yvain, déconcertant Gilles qui n'a jamais vu pareille exaltation. Isabeau paraît plutôt s'en amuser. Très vite cependant le regard bleu-vert de la fille du seigneur change d'expression. La belle Italienne vient de s'emparer du bras du Félin pour raconter comment il l'a soustraite aux crocs du prédateur blanc.

— Si vous aviez vu notre héros, lorsqu'il leva l'épée ! Il était beau comme un…

Son regard croise celui d'Isabeau. Elle rougit, comprenant sa maladresse.

— Enfin bref, je lui dois la vie. Merci encore, sire Yvain, termine-t-elle en s'inclinant gracieusement.

Hugues de Montbrisac s'approche, un franc sourire fendant sa barbe poivre et sel.

— Venez près du feu, belle amie. Vous êtes transie !

Fiorina se laisse guider jusqu'à l'un des fauteuils placés devant l'âtre où brûle un demi-tronc de châtaignier. Mais elle hésite avant de s'asseoir :

— C'est trop de bonté, monseigneur. Je ne suis qu'une saltimbanque…

— Que cela ne vous surprenne point, explique le châtelain. Cette maison a toujours aimé les artistes, surtout les Italiens et leurs facéties que je trouve personnellement irrésistibles. J'espère que nous aurons droit à l'une de vos représentations ?

— Hélas, beau seigneur, notre famille n'est que misère depuis que la folie du moine s'est abattue sur nous comme la peste. Mon frère Giacomo et moi avons échappé au comte Zarkis, mais notre père Gubio est enfermé dans les geôles de Montfou. Et tout notre équipage a été saisi.

— Diable ! Que lui prend-il à ce moine pour tourmenter d'innocents artistes ? tonne le seigneur.

— Notre singe est oune sorte de diablotin, a dit l'inquisiteur ! poursuit Giacomo. Mes mains jonglent avec trop d'habileté ; cela cache oune don maléfique. Et pire, notre père est oune cracheur de feu ! Grrr, si j'approche à nouveau ce cochon de moine, je loui grille le groin !

— Tout cela me paraît bien insensé, dit Isabeau, perplexe. Jamais des baladins n'ont été accusés de sorcellerie.

— Et pourtant, c'est bien de cela qu'il s'agit, confirme Fiorina. Allez-vous nous aider, seigneur Hugues ?

— Bien sûr…

— Alors vous allez attaquer la citadelle de Montfou ? J'en souis ! s'excite Giacomo en se frappant la poitrine du poing. Car moi aussi je sais faire le dragone !

— Non, non, mon garçon. Je ne saurais m'opposer de front à un représentant de l'évêque. Mais il se pourrait qu'un de mes fidèles chevaliers agisse dans la discrétion…

Le seigneur s'interrompt en désignant son agent secret du regard.

— Je puis essayer de rendre la liberté à votre père, dit Yvain s'adressant aux deux Italiens, mais cela ne mettra nullement fin à vos ennuis. Car le bras armé de l'inquisiteur vous traquera, avec d'autant plus d'efficacité que vous avez affaire à un chasseur de la pire espèce.

— Alors tout est fini ? Devrons-nous périr sur le bûcher ? se désespère Fiorina.

Le Félin a un léger sourire.

— J'ai l'intention de compliquer un peu la vie de ce comte.

Isabeau enchaîne :

— Nous pouvons vous faire confiance pour que ce loup voie rouge, sire Yvain. Mais avez-vous un plan ?

— Oui.

— Aurez-vous besoin de moi ? demande encore Isabeau.

— Hein ? Quoi ? réagit son père. Certes non ! N'est-ce pas, chevalier ?

L'inquiétude du seigneur est fondée ; il sait qu'il résiste rarement aux volontés de sa fille. Sous ses airs de jeune femme docile, Isabeau cache une forte personnalité et elle s'est souvent révélée une efficace partenaire d'espionnage du Félin. Mais cette fois, elle n'aura pas à batailler pour s'imposer dans cette mission, car Yvain lui répond :

— En effet, Isabeau, je vous suggère de rendre visite à l'épouse du seigneur de Montfou. Elle est bien toujours votre amie ?

— Je l'espère. La dernière fois que nous nous sommes vues, nous avons beaucoup joué. Nous devions avoir… huit ans. Que devrai-je faire à Montfou ?

— Observer, écouter… jouer.

— Bien. Et vous, messire ?

— Nous ne serons pas loin derrière vous, répond le chevalier qui précise en regardant son écuyer : Gilles et moi.

L'adolescent s'en frotte les mains d'excitation ; il va enfin partir pour une nouvelle aventure. Cela faisait longtemps… À cet instant, un vieillard à barbe blanche et longue robe violette pénètre dans la salle. Une joie naturelle rayonne sur son visage aux vénérables rides et dans ses petits yeux malicieux. Il serre contre lui un curieux objet ressemblant à une lunette de vue… coudée.

— Oh, oh, voici de bien charmants visiteurs, dit-il en s'approchant du groupe.

Le seigneur fait rapidement les présentations, puis demande à son « inventeur-le-plus-génial-de-la-chrétienté » quelle nouvelle curiosité il lui apporte.

— Une babiole en vérité, répond le vieux savant. Je l'ai baptisée l'Œil-en-coin. Tenez, monseigneur, collez votre prunelle à cette extrémité et dites-nous ce que vous voyez.

Hugues de Montbrisac s'empresse de porter à son œil gauche la longue-vue coudée. Le visage de sa fille, encadré d'une magnifique chevelure châtain-roux, apparaît dans l'orifice.

— Oh ! Isabeau, que tu es belle, ma mie ! s'exclame le seigneur.

— Maître Pirus, dit Yvain, j'aurais besoin de quelques diableries pour ma prochaine mission.

— J'en ai plein mon antre ! À quel genre de diableries pensez-vous ?

— L'Épée Sanglante, par exemple.

— Fichtre ! J'ai remisé ce jouet depuis des lustres, de peur que des imprudents ne se blessent avec.

Le vieil homme dévisage l'écuyer du Félin avec une étrange expression.

— J'imagine que ce sera Gilles la victime, murmure-t-il.

— Non, répond le chevalier avec un sourire, je préfère que ce soit moi…

Le jeune garçon prend un air interrogatif.

3

Épouvante à Montfou

Dès le lendemain, Isabeau est prête à partir avec sa servante Francine pour le fief de Montfou. Elle sait ce que le chevalier de Bréa attend d'elle, mais un détail la chagrine. Elle l'exprime juste avant le départ dans la cour du château :

— C'est bien la première fois qu'on me verra voyager en litière[1].

— N'en sortez que par nécessité, recommande le Félin. Je soupçonne le comte Zarkis d'avoir posté des observateurs un peu partout dans la région. Il est important qu'il vous croie aussi inoffensive qu'une jouvencelle.

1. Litière : sorte de lit ambulant généralement tiré par des bêtes de somme.

— Oh ! Que cachez-vous donc de si redoutable, dame Isabeau ? réagit Fiorina.

— Je vais vous montrer, répond la fille du seigneur, trop contente de montrer à cette envoûtante Italienne la face cachée de sa personnalité.

Ayant lancé un regard fripon au Félin, elle tire de sous le matelas de paille de sa litière un fouet des plus impressionnants.

— Qu'un malotru m'approche et voici comment je l'enlacerai de mon Bras-de-Shiva…

Le fouet, invention de maître Pirus, se compose d'un savant tressage de lanières de cuir se terminant en langue de serpent. Il fend l'air en claquant, s'enroule autour d'un des soldats de l'escorte d'Isabeau. Le pauvre se retrouve ligoté comme un saucisson auvergnat.

— Si cet homme avait été un ennemi, précise la jeune femme, il aurait perdu la tête.

Le soldat avale sa salive. Isabeau s'excuse de la frayeur qu'elle lui a causée, puis monte en voiture. Son père l'embrasse, lui donne les dernières recommandations de prudence avant de conclure sur un bon mot :

— Et surtout garde ton sang-froid, je ne tiens pas à ce que cet inquisiteur de malheur perde la tête à cause de toi.

Peu après, la litière franchit le pont-levis. Le Félin se tourne vers son écuyer :

— Gilles, es-tu prêt à me transpercer de l'Épée Sanglante ?

— J'en ai rêvé toute la nuit, maître, et j'en criais d'effroi.

Après trois jours d'un épuisant voyage sur des chemins chaotiques, Isabeau et les quelques soldats de son escorte parviennent enfin en vue des murailles du village fortifié de Montfou. Derrière de solides remparts, les maisons sont agglutinées autour de la forteresse du baron comme des enfants apeurés autour de leur mère. La fille du seigneur de Montbrisac, n'en pouvant plus d'être transportée comme une sultane engraissée aux loukoums, laisse éclater son exaspération :

— Capitaine ! Si nous n'avons pas rallié Montfou dans les trois minutes, je ne réponds pas de mes actes !

Connaissant le caractère de sa maîtresse, l'officier hurle des ordres. Le conducteur de la litière fouette les chevaux et s'égosille comme un charretier. Ainsi l'équipage apparaît-il aux guetteurs du village comme fuyant une horde de barbares. À l'intérieur du chariot, Isabeau et Francine, chahutées de tous côtés, rient à gorge déployée.

— Alarme ! lance la garde du haut des remparts.

La litière ralentit à peine pour franchir le pont-levis et manque d'écraser plusieurs passants et moutons. Enfin, elle stoppe.

— Nous y sommes, damoiselle, moins de trois minutes ! annonce fièrement le capitaine essoufflé.

— Merci, mon ami. Si j'avais su, je me serais énervée plus tôt.

Isabeau descend de la litière. Des hommes de la garnison de Montfou approchent et interrogent l'escorte de la jeune femme. Aussitôt rassurés, ils sympathisent avec les nouveaux venus. Alors se présente sur son superbe étalon blanc le grand chevalier à la cape de fourrure immaculée. Son visage est d'une singulière pâleur et sa chevelure, à la fois légère et abondante, forme une sorte de crinière blanche peignée en arrière.

— Que vous est-il donc arrivé, damoiselle ? s'enquiert-il en laissant son étalon curieux avancer les naseaux vers la jeune femme. On aurait dit que vous aviez le diable aux chausses.

Isabeau soutient son regard rouge. L'homme est encore plus étrange que ce qu'elle avait imaginé d'après la description de Fiorina. Patiemment, il attend qu'elle réponde.

— Il est possible que ce soit moi qui vienne au diable, dit-elle enfin, car on m'a dit qu'il avait élu domicile en ces murs.

— C'est le cas, en effet, comme en d'autres fiefs du comté d'Auvergne. C'est pourquoi le bras purificateur de Dieu est venu en ces lieux. Vous êtes Isabeau de Montbrisac, n'est-ce pas ?

— En effet… comte Zarkis.

Un dérangeant sourire se forme sur les lèvres du chevalier-loup.

— Ravageole ! appelle-t-il.

Son limier hirsute et édenté cesse aussitôt d'importuner Francine restée dans la litière.

— Votre seigneurie a besoin de moi ?

— Va prévenir nos hôtes et le père Gonthier qu'une chrétienne repentante vient de nous arriver de Montbrisac, porteuse de nouvelles concernant les saltimbanques hérétiques qui ont échappé à la justice de notre sainte Église.

C'est au tour d'Isabeau d'adresser un sourire énigmatique au chevalier. Elle est en train d'imaginer les effets de son Bras-de-Shiva sur ce bonhomme de neige…

Dans l'étroite cour pavée du château, la dame de Montfou accueille chaleureusement la visiteuse.

— Ah, Isabeau, ma douce amie ! Embrassons-nous !

Elle enlace la jeune femme de ses bras dodus et la presse contre son opulente poitrine.

— J'ai tant de fois pensé à toi, ma mie ! Enfin tu t'es décidée à venir me voir, quel bonheur ! J'en suis... j'en suis... toute bouleversée !

Elle éclate en sanglots sans que se tarisse pour autant le flot de ses paroles :

— Mais combien d'années cela fait-il ? Mon Dieu que tu es belle ! Et moi... Vois, j'ai... (Elle tâte son ventre rebondi.) J'ai pris quelques formes.

— Je vois en effet que tu te portes bien, ma chère Frédégonde, fait Isabeau avec un amical sourire. Sire Guillaume, ton époux, n'est point présent ?

— Que si ! Il t'attend en notre logement, car vois-tu, il est fort fatigué. L'inquisiteur Gonthier... (La dame de Montfou jette un regard méfiant autour d'elle.) Peste soit de ce corbeau de malheur ! (lâche-t-elle à voix basse avant de poursuivre :) l'inquisiteur lui a prescrit abstinence, jeûne et prières à genoux pour entretenir sa santé spirituelle. Peuh ! Il va me le tuer !

— Que se passe-t-il ici ? demande Isabeau à son amie d'enfance qui lui attrape le bras et l'entraîne vers le logis seigneurial.

— Un oiseau de malheur s'est abattu sur Montfou. Il a semé les croix jaunes[1], comme pigeons

1. Croix jaunes : signes que devaient porter sur leurs vêtements les personnes accusées de péché afin d'éviter la prison.

leurs fientes. Et je ne te parle pas de son chien blanc...

— Le comte Zarkis, d'où vient-il ?

— Des steppes polonaises ou d'un enfer de cette sorte. Il a un cœur chaud comme un glaçon, une cervelle de renard et ne connaît qu'un plaisir : la chasse. Ah si ! il aime aussi refroidir les conversations. Depuis qu'il est arrivé avec sa pie râleuse, on ne vit plus. Mais enfin, tu es venue, ma mie ! Et cela m'aidera à tenir le coup en attendant que ces élus du bon Dieu aillent purifier ailleurs.

Elles gravissent un escalier en colimaçon. Frédégonde s'arrête pour reprendre son souffle :

— Ouf ! Ces marches me tuent ! Et figure-toi, ma belle, que ce coquin de curé envisage de nous faire obtenir, contre une fortune, une indulgence[1] collective signée par Sa Sainteté le pape en personne ! Il tiendrait déjà la chose en son bagage ; il ne resterait plus qu'à mettre les noms. D'ailleurs, si cela t'intéresse, je peux y faire inscrire le tien...

— Je m'étonne que ton mari n'ait pas déjà fait disparaître ce maraud dans une oubliette, dit Isabeau qui, sans jamais l'avoir rencontré, connaît de

1. Les indulgences : moyennant une somme d'argent payée à l'Église, les indulgences permettaient de racheter ses péchés sans avoir à subir de repentance.

réputation le caractère emporté du seigneur de ces lieux.

Frédégonde montre un poing menaçant, rose comme un jambonneau.

— C'est qu'il a essayé, ma bonne ! Dès le premier jour, en lui faisant visiter nos geôles sous le donjon. Mais ce démon est si bien protégé par son comte qu'il n'a pas glissé dans le bon trou. Il ne s'est même pas tordu un orteil. Qu'il reste encore un mois et on finira bien par l'avoir. En attendant, mon bon époux est consigné dans notre chambre, avec son lot de pénitences.

Enfin, elles accèdent à un palier sur lequel donne une porte basse. Elles pénètrent dans une vaste chambre éclairée par un feu vigoureux. En découvrant le mari de son amie d'enfance, Isabeau a un haut-le-corps. L'homme qui se tient dans un fauteuil et sourit à belles dents jaune-marron est un vieillard malingre au regard bleu délavé. Il se lève péniblement pour accueillir la visiteuse :

— Voici donc la belle Isabeau. Cela fait bien des années que je souhaite vous connaître, tant ma douce Frédégonde m'a souvent parlé de vous...

Il adresse un clin d'œil à celle-ci puis reprend :

— Permettez-moi de vous présenter messire Gonthier de Charmieux, un dominicain chargé par notre évêque de purifier les âmes de ce bas monde.

Un personnage vêtu de la robe noir et blanc des moines de l'ordre de Saint-Dominique approche. Il s'incline, offrant sa tonsure rasée de frais au regard d'Isabeau.

— Dieu vous bénisse, dame Isabeau, déclare-t-il.

Il se redresse et dévisage la jeune femme avec une sévérité presque hostile. Il est petit, mince, sec, avec des yeux ronds et noirs de rongeur, le nez pointu comme un bec de corneille, une bouche pincée. Isabeau lui adresse un sourire provocant et un regard en coin dont elle a le secret. D'un geste vif, l'inquisiteur s'empare de son crucifix de bois pendu à son cou.

— Dame Isabeau, depuis quand ne vous êtes-vous point confessée ? demande-t-il à brûle-pourpoint.

— Cela fait bien… trois ans, mon père.

— Argh !

— Mais non, je plaisante. Je suis une bonne chrétienne, croyez-le bien. J'ai été confessée et pardonnée de mon lot de péchés quotidiens juste avant de prendre la route pour Montfou.

— Alors il n'est que temps de vous faire à nouveau entendre de Notre Seigneur. Et puis j'aimerais que vous me parliez de ces hérétiques que votre père tiendrait en sa protection.

— Alors la confession sera rapide, car je n'ai rien à dire à ce sujet sinon ce que vous en savez déjà.

— Vous…

— Allons, messire inquisiteur, intervient le comte Zarkis pénétrant à cet instant dans la chambre. Ne laisserez-vous donc point à cette « bonne chrétienne » le temps d'arriver et de saluer ses hôtes ? La confession attendra, n'est-ce pas mon père ?

Le moine paraît troublé. Il hésite, regarde brièvement Isabeau :

— Soit. Mais il ne faut point trop tarder, car le péché corrompt l'âme comme l'acide le fer.

Isabeau échange un sourire avec Frédégonde qui pousse un profond soupir de résignation.

— En attendant de vous voir en la chapelle, dame Isabeau, reprend l'inquisiteur, j'entendrai la dame de Montfou en confession… Venez, madame, en chemin nous chanterons un cantique.

4

Sanglant spectacle

Quelques heures plus tard, le chevalier de Bréa et son écuyer arrivent à leur tour en vue du village fortifié de Montfou. Yvain conduit une charrette couverte tirée par un solide percheron. Son allure de saltimbanque italo-auvergnat et sa nouvelle coiffure le rendent méconnaissable. Pour accomplir sa mission, il s'est trouvé un surcot[1] matelassé de jongleur, à bandes rouges et marron, des braies de toile d'un rouge vif et des souliers à la poulaine[2]

1. Surcot : au Moyen Âge, robe portée aussi bien par les hommes que par les femmes.
2. Souliers à la poulaine : chaussures à pointe démesurément longue.

verts. En raison du froid mordant, il s'est emmitouflé dans une houppelande fourrée à col montant et s'est coiffé d'un chapeau haut de forme en velours.

— Nous y voici, maître, dit Gilles qui chevauche à côté de la charrette. Je vous laisse maintenant ?

Il tire par la bride la monture du Félin.

— Oui, répond ce dernier. Veille à ce que le forgeron à qui tu remettras mon destrier[1] en prenne grand soin.

— Je sais, répond l'écuyer en soupirant. Vous me l'avez déjà dit plusieurs fois. Je vous trouve bien anxieux, mon maître.

— Toujours, lorsqu'il ne s'agit pas de moi. D'ailleurs, je me fais du souci pour toi.

— Ah oui ? Et pourquoi donc ?

— Parce que tu abordes cette mission comme un jeu de foire. Si tu oublies le danger, tu ne vieilliras pas assez pour devenir chevalier. Aussi vais-je te donner quelques inquiétudes…

Gilles fronce les sourcils. Il est déjà inquiet.

— J'ai oublié de te dire que j'allais corser un peu l'effet de l'Épée Sanglante de maître Pirus.

— C'est-à-dire ?

1. Destrier : au Moyen Âge, cheval de bataille, par opposition au « palefroi », cheval réservé aux cérémonies.

— Finalement, c'est moi qui te transpercerai. Es-tu un peu moins tranquille, à présent ?

— Messire, je crois que je vais rentrer à Montbrisac. Il fait trop froid pour être embroché par son propre chevalier...

Peu après, le chevalier se présente à l'entrée sud de Montfou. Un portier armé d'une lance l'interpelle :

— Holà ! Qui va là ?

— Joachim du Bonheur, bateleur, poète à toute heure, magicien pour faire rire les enfants.

— Magicien ? Tss-tss ! Un conseil, mon ami, fais demi-tour et passe ton chemin. (Le portier se retourne pour vérifier qu'aucune oreille indiscrète n'entend la suite.) L'inquisiteur de monseigneur l'évêque est dans la place et distribue les croix jaunes comme des graines aux poulets. Et il arrête à tour de bras, et...

— Merci, portier. Je viens justement dérider ce bon serviteur de Dieu. Laisse-moi passer, je te le revaudrai.

— Comme tu voudras l'ami, consent le portier.

Le chevalier-magicien décide d'aller installer son tréteau sur la place herbeuse qui s'étend au pied du château, édifié dans la partie haute du village. Son arrivée suscite autant de curiosité que d'inquiétude. Les villageois sortent sur leur pas de porte. Certains chuchotent à l'étranger des avertissements : « Va-t'en, malheureux ! », « Quitte ce bourg ou tu finiras sur le bûcher ! » À chaque fois, Yvain, ou plutôt Joachim, les invite à venir assister au spectacle « magique » qu'il donnera à none[1] sur la place du château.

À l'heure dite, le magicien commence à ameuter la population, debout sur son tréteau. Le fond de la scène est fermé par une tenture de drap brun. Un coffre et une épée longue sont disposés à l'écart devant un brasero rougeoyant. Malgré le froid qui glace les os, quelques timides silhouettes font leur apparition et observent le magicien de loin. Seuls un chien maigre et trois enfants emmitouflés dans des haillons viennent se placer devant l'estrade.

— Ohé ! Ohé ! Gentes dames, bourgeois et marchands ! Approchez, je vous annonce le plus incroyable des spectacles de magie. Ohé ! Ohé ! Venez voir le grand magicien Joachim du Bonheur !

Peu à peu, les plus hardis commencent à arriver, donnant l'exemple à ceux qui le sont moins. Trois soldats de la garde du château viennent à leur tour

1. None : trois heures de l'après-midi.

voir de quoi il retourne. Parmi eux, un gros sergent à moustaches noires s'applique avec sérieux à calmer l'excitation des plus jeunes. Estimant qu'il dispose d'assez de spectateurs, Yvain commence son numéro.

Au même moment, un valet vient avertir dame Frédégonde qu'un magicien s'apprête à donner un spectacle au pied du château.

— Le fou ! s'exclame-t-elle. Elle se mord les lèvres en jetant un regard inquiet vers l'inquisiteur en train de prier au fond de la pièce. Allons voir ça ! Viens-tu, Isabeau ? demande-t-elle en baissant la voix.

La fille du seigneur de Montbrisac, qui s'était pieusement plongée dans un livre de prières, acquiesce avec enthousiasme :

— Oh oui ! Je ne voudrais rater cela pour rien au monde !

Mais voici que surgit l'inquisiteur Gonthier de Charmieux.

— Dieu, protégez-nous du mal ! lance-t-il. Holà, malheureuses, voulez-vous donc vous damner !

— Mais oui, mon père, si cela peut nous distraire quelque temps, répond Isabeau.

— Venez donc vous poster à cette fenêtre avec nous, messire inquisiteur, enchaîne Frédégonde, vous nous expliquerez où se niche le mal dans les facéties de ce bateleur. D'où nous serons, nous pourrons voir tout à loisir sans avoir à nous crotter les mules.

Furieux, le moine ordonne à un garde d'aller chercher le comte Zarkis, mais celui-ci est déjà, et depuis longtemps, au courant de l'arrivée du magicien. Raide sur son étalon blanc, revêtu de son armure étincelante, il se tient en retrait de la petite foule de spectateurs assemblée sur la place du château. Debout à sa droite, son limier Ravageole observe la scène avec un sourire carnassier, comme s'il savait comment allait se terminer le spectacle.

Joachim du Bonheur montre aux spectateurs un flacon de terre cuite, puis il explique :

— Cette fiole contient une huile qui protège des morsures du feu... Vous allez en juger par vos yeux !

Il s'enduit la main du liquide visqueux puis, s'approchant du brasero, il explique :

— Je vais maintenant plonger la main dans ces braises ; si je hurle c'est que mon huile a perdu son pouvoir, ce qui me chagrinerait grandement.

Le chevalier approche lentement sa main luisante du foyer... Soudain elle prend feu !

— AAAAAH !!!

Brandissant sa main en flamme, il traverse l'estrade en hurlant. Les spectateurs froncent les sourcils. Certains, soupçonnant une plaisanterie, se mettent à rire. À l'une des fenêtres qui s'ouvrent au-dessus de l'entrée du château, Isabeau de Montbrisac est saisie d'épouvante :

— Mon Dieu, Yvain ! lâche-t-elle dans un souffle.

— Que dites-vous, ma mie ? demande Frédégonde à côté d'elle.

— Divin... divin Seigneur ! Cet homme souffre le martyre ; qu'on lui porte secours !

— Peuh ! Ce n'est que justice, crache l'inquisiteur. Dieu l'a puni.

Des exclamations fusent, la consternation se lit sur les visages. Il n'y a guère que le comte Zarkis et son sbire pour s'amuser du spectacle. Sur scène, le magicien parvient à éteindre l'incendie en se repliant sur lui-même. Chacun retient son souffle... puis d'un coup Yvain se redresse, souriant et montrant sa main intacte.

— Ce n'était qu'une bouffonnerie ! rit-il.

Les spectateurs applaudissent avec fougue.

— À présent, reprend Yvain, je vais réaliser un véritable tour de magie, un tour particulièrement dangereux ; par honnêteté chrétienne il me faut en avertir celui qui osera me prêter son concours. En effet, il arrive que ma magie ne fonctionne pas, surtout par temps froid. Aussi ai-je besoin d'un homme un peu fou...

— Le Boiteux ! lance un spectateur.

— L'Ivrogne, prenez l'Ivrogne ! s'écrie une femme.

— Non, le Boiteux, le Boiteux ! insistent en chœur plusieurs voix.

Mais le magicien fait la sourde oreille. Il lui faut un garçon sain de corps et d'esprit.

— Alors ce sera moi ! clame un adolescent blond.

— Parfait ! Approche, mon jeune ami. Comment t'appelles-tu ?

— Gilles, maître... heu, je veux dire, maître magicien !

À sa fenêtre, Isabeau pouffe, mais redevient vite sérieuse, car elle sait à quel danger va être exposé l'écuyer du Félin. Le magicien demande à Gilles de se tenir bien droit :

— Comme un fier chevalier, précise-t-il. Maintenant, je demande à chacun de retenir son souffle car je vais transpercer ce gentil damoiseau... avec ceci !

Le Félin va chercher son épée longue et la montre aux villageois.

— Eh, messire magicien, vous ne m'aviez point averti de cela ! proteste Gilles. Je refuse d'être embroché.

— Malheureusement, mon garçon, il est trop tard. Serre les dents et fais confiance à ma magie.

— NOOON !!! hurle Gilles.

Isabeau étouffe son rire dans ses mains. Dame Frédégonde l'imite... mais avec une petite anxiété.

— Va-t-il vraiment aller jusqu'au bout ? s'inquiète-t-elle.

— Je le crains, répond Isabeau.

L'inquisiteur appelle alors à grands cris le comte Zarkis qui fait semblant de ne pas entendre. Le brouhaha de la foule et les protestations de Gilles couvrent la voix du moine qui finit par se laisser prendre au spectacle, serrant son crucifix à deux mains. Après avoir appliqué la pointe de l'épée sur le ventre du garçon, le magicien interpelle les spectateurs :

— Dois-je poursuivre ?

— Oui ! oui ! Perce-le ! On veut voir du sang ! Du sang ! Du sang ! hurle-t-on sans retenue.

— Du sang ? Pourquoi pas ?

— Comment te sens-tu, Gilles ? demande le magicien.

— Un peu anxieux, messire.

— Bien. Alors je peux continuer ma démonstration. As-tu fait ta prière ce matin ?

— Ma foi oui, un peu, répond le garçon d'une voix mal assurée.

Tout doucement, sans cesser de sourire, le magicien enfonce la lame dans le corps de son complice.

— Ah, messire, non ! Je suis trop jeune pour mourir ! Gueuh !

La lame s'enfonce, s'enfonce... Gilles s'effondre et bras en croix pousse un dernier râle... Il est mort. L'air contrarié, le magicien retire l'épée ensanglantée du ventre du jeune homme. Un silence funèbre s'abat, seulement troublé par le croassement d'un corbeau. Isabeau blêmit. L'inquisiteur se met en prière.

— Je crois qu'il y a encore eu un petit problème, s'excuse Joachim du Bonheur. Décidément, je n'ai pas de chance aujourd'hui. Je vous demande de garder votre sang-froid tandis que j'essaie de redonner vie à ce pauvre innocent. Mais pour cela, je vais devoir faire appel à des forces surnaturelles.

Il dispose autour du cadavre un paravent de toile. Quelques secondes passent, insoutenables d'angoisse. Puis enfin...

— Coucou ! Me revoilà ! s'exclame Gilles en passant la tête entre les rideaux du paravent.

Un tonnerre d'applaudissements et de cris de joie s'élève. Alors le gros sergent moustachu s'avance en criant :

— À moi ! Je veux moi aussi que le magicien me perce la bedaine. Allez, vous autres, aidez-moi à monter là-dessus.

Tandis que deux soldats l'aident à grimper sur l'estrade, la voix de l'inquisiteur s'élève :

— *Vade retro, Satana!* Qu'on s'empare de ce sorcier ! Au cachot ! C'est un ordre de Dieu ! Et toi, foule impie, retourne en tes foyers. Je te condamne à cinq cents deniers d'amende pour avoir osé applaudir à ce spectacle du démon.

Les soldats du baron de Montfou rejoignent leur pesant sergent sur le tréteau.

— Mais enfin il n'y a point là sorcellerie, se défend l'illusionniste, je vous le jure ! Il ne s'agit que d'un tour de passe-passe, une bouffonnerie.

Il paraît sincèrement désolé.

— Au nom de Dieu, maudit magicien, je t'arrête ! proclame le sergent en posant une main sur l'épaule du Félin.

Gilles s'éclipse discrètement. Isabeau quitte la fenêtre, s'efforçant de ne pas trahir son émotion. Quant au comte Zarkis, il tourne bride en annonçant à son limier :

— Nous ne chasserons point le cerf aujourd'hui.

5

L'évasion de Gubio

Tandis qu'on conduit le coupable amuseur public dans le cachot le plus infect de la forteresse, dame Frédégonde et son amie de Montbrisac regagnent leur siège dans la grande pièce. Derrière elles, le moine inquisiteur marmonne d'incompréhensibles prières.

— Frédégonde, il faut que tu me rendes un service, murmure Isabeau en se rapprochant de la forte femme.

— Mais tout ce que tu voudras, ma belle.

— Que complotez-vous donc, mesdames? demande le moine soupçonneux.

Isabeau se retourne comme un serpent :

— Nous nous demandions si vous alliez nous suivre jusqu'aux latrines où nous nous rendons maintenant.

Interloqué, l'inquisiteur ne sait quoi répondre.

— Allez donc à la chapelle dire une petite prière pour le salut de nos âmes, suggère la dame de Montfou. De notre côté, nous penserons très fort aux bienfaits de la Sainte Inquisition... Viens, Isabeau, hâtons-nous.

Elles s'éloignent en courant et en riant sous le regard sombre du religieux. Mais au lieu de se rendre aux latrines, elles gagnent les cuisines au rez-de-chaussée...

Le chevalier de Bréa est poussé pour la troisième fois dans un escalier de pierre.

— Où diable me conduisez-vous ? demande-t-il, faussement angoissé. Cela fait bien cent marches que nous nous enfonçons sous terre.

— L'enfer est en bas, tu devrais le savoir, suppôt de Satan ! crache le gros sergent.

Un geôlier noir de crasse, portant au ceinturon un énorme trousseau de clés, ouvre la marche, un flambeau à la main.

— C'est vrai, admet Yvain. Vais-je y retrouver quelques camarades démons ?

— Tout juste ! Un saltimbanque de ta race. Celui-là crache le feu comme toi tu ressuscites les morts.

— Intéressant. Serons-nous compagnons de cellule ?

— Bien sûr ! Et même, nous vous mettrons face à face. Ainsi vous pourrez vous raconter comment le bourreau du père Gonthier s'y prend pour soumettre les hérétiques à la question[1].

— Bien, bien. Merci, sergent, le diable vous le rendra.

L'officier émet un grognement réprobateur et réprime un frisson. Il bouscule le Félin dans un couloir aux murs gluants, dont le plafond bas oblige à courber la tête. Le geôlier se hâte d'ouvrir une porte équipée d'un judas.

— Si Sa Seigneurie veut bien se donner la peine d'entrer dans sa nouvelle chambrette, minaude-t-il en se courbant comme un serviteur.

— Merci, mon brave, répond le chevalier en se baissant pour entrer dans le cachot.

Il est ensuite enchaîné sans ménagement au mur par une cheville. Face à lui, également entravé, un homme robuste et barbu cligne des yeux à la

1. Soumettre à la question : torturer pour obtenir des aveux.

lumière de la torche. La porte se referme en grinçant, replongeant dans l'obscurité la cellule puante.

— Qui es-tu ? demande l'homme.

— Un magicien. Je suis venu vous rendre une chose à laquelle vous tenez plus qu'à toute autre.

— Un fol ! C'est bien ma chance, maugrée l'homme.

— Allons, messire Gubio, ne comprenez-vous donc point que je viens vous rendre la liberté ? Votre fille Fiorina m'a assuré que vous y teniez beaucoup.

— Fiorina ! Vous avez vu ma fille ?

— En effet… Puis-je vous demander de fermer les yeux ?

— Fermer les yeux, pourquoi donc ?

— Je vais procéder à un tour de magie éblouissant, grâce à une pâte que son inventeur a baptisée Crottes-de-dragon. Faites-moi confiance, je nous délivre de ces chaînes, ensuite je vous expliquerai tout.

Le bateleur glousse de bonheur et annonce qu'il est prêt. Une vive lumière blanche envahit la cellule. Dans une gerbe d'étincelles, la serrure du bracelet à la cheville du chevalier de Bréa cède.

— Diantre ! Serais-tu vraiment magicien ? demande Gubio, vaguement inquiet.

— Pas le moins du monde, c'est un savant qui me fournit mon équipement. À vous, Gubio…

En un minimum de mots, le Félin donne à l'Italien les informations dont il a besoin.

— Nous n'avons que peu de temps pour quitter ces lieux, dit-il ensuite. Je soupçonne l'inquisiteur d'avoir très envie de me soumettre à la question. Et je ne suis pas venu pour cela.

— Mais comment allons-nous sortir de ce trou, il n'y a même pas de fenêtre ?

— Par la porte, voyons !

— Ha ?

Le Félin allume un Bâton-à-feu, autre invention lumineuse de maître Pirus, puis demande au père de Fiorina de le lui tenir tandis qu'il crochète la serrure. La porte du cachot ne résiste pas longtemps à ses doigts experts.

— Allons-y.

Avec prudence, ils gravissent les trois escaliers à vis qui les ramènent au rez-de-chaussée du donjon occupé par la garnison de Montfou. Dans la salle de garde vide, les deux évadés sont accueillis par des rayons de soleil filtrant par les meurtrières. Gubio se protège le visage d'un bras.

— Chevalier, êtes-vous fou ? C'est le plein jour ! s'affole-t-il.

— Bien vu, fait Yvain.

— Mais nous allons nous faire prendre ! Nous aurions dû attendre…

Un rire résonne derrière une porte.

— Vous n'êtes pas bien grand, messire Gubio, constate le Félin.

— Heu… oui, et alors ?

— Vous êtes fort sale et sentez le bouc.

— En effet… Est-ce si gênant ?

— Que diriez-vous de devenir geôlier ?

Le bateleur prend un air perplexe. Sans plus d'explication, le chevalier pousse la porte et entre dans le logement du geôlier. Celui-ci est en train de jouer aux dés avec un garde. Le temps de réaliser que l'un de ses prisonniers vient de s'évader, il reçoit un coup à la tempe qui le met hors d'état de nuire pour un bon moment. Son compagnon de jeu, un jeune homme émotif, ouvre la bouche pour appeler « À la… » ; le mot *garde* lui reste dans la gorge. Le Félin lui coupe le souffle d'un coup de talon à l'estomac. Un tranchant de la main sur la nuque achève le travail.

— Parbleu ! Messire de Bréa, c'est ce qui s'appelle du grand art, souffle Gubio. Où donc avez-vous appris à vous battre ?

— J'ai eu plusieurs maîtres d'armes, dont un venu d'un très lointain pays du soleil levant. C'est

lui qui m'a enseigné comment me servir de mes pieds et de mes mains pour éliminer un adversaire sans le tuer.

— Il faudra m'apprendre.

— Pourquoi pas ? En attendant, changez-vous en geôlier. Je vais m'assurer que la voie est libre.

— Vous ne prenez pas l'uniforme du garde ? s'étonne l'Italien.

— Je me sens mieux en saltimbanque.

En réalité, être discret ne fait pas partie de son plan. Il retourne dans la salle de garde, entrouvre la porte donnant sur la cour intérieure du château. Il sourit, puis revient vers son compagnon d'évasion qui a enfilé la tunique et les braies de grosse toile du geôlier. Il se coiffe de son bonnet de cuir.

— Alors, me trouvez-vous assez laid pour lui ressembler ?

— Vous êtes parfait, mais la barbe est en trop. Voyez si vous pouvez la tailler. Je surveille la salle de garde.

— Très bien, et ensuite ?

— On ne change rien à mon plan. Je tiens à ce qu'on me croie seul évadé. Et tandis qu'on me pourchassera, vous quitterez en sécurité la citadelle dans la litière de dame Isabeau.

— Certes, mais… fait Gubio, inquiet pour son sauveur.

— Respectez mes consignes à la lettre et nous nous en sortirons tous les deux. Faites-moi confiance.

L'Italien fin prêt, le Félin lui donne une dernière recommandation.

— Surtout, ne vous retournez point. Avancez les épaules un peu voûtées et grattez-vous le crâne, cela fera plus réaliste.

Gubio sourit :

— Vous oubliez, messire chevalier, que nous autres Italiens sommes nés comédiens... Et vous, que ferez-vous ?

— Je resterai ici tant que je n'aurai pas la certitude que vous êtes sorti du bourg. Nous nous reverrons à Montbrisac.

Ils se donnent une brève accolade, puis le bateleur quitte la pièce.

Les épaules basses, la démarche lourde, rotant, se grattant la fesse, il traverse la cour intérieure du château, s'approche d'une litière qui semble attendre sa passagère. Il la contourne, puis d'un coup disparaît. Peu après, Francine et Isabeau, puis Frédégonde suivie comme son ombre par le moine inquisiteur, sortent du logis seigneurial. La dame de Montfou écrase une larme de son auriculaire et gémit comme une tragédienne grecque :

— Aaah ! cruel déchirement que de se séparer de sa sœur adorée ! Quand donc nous reverrons-nous ? Déjà je languis.

— Bientôt, ma chère sœur... adorée. Dès que mon père sera remis de son indisposition, je te ferai porter un message. Aux premiers jours du printemps, tu viendras me voir à Montbrisac.

La dame de Montfou éclate en sanglots. Le moine Gonthier de Charmieux, qui ne la lâche plus d'une coudée depuis l'arrivée de son amie d'enfance, paraît contrarié.

— Faut-il vraiment que vous partiez, dame Isabeau, demande-t-il sur un ton de regret qu'on ne lui connaît pas.

Décontenancée, la jeune femme répond :

— Eh bien remettez-vous, mon père. Oubliez-vous que je ne suis qu'une « misérable pécheresse », d'après ce que vous avez doctement expliqué à ma douce amie Frédégonde.

— Moi, j'ai dit cela ?

— Mais oui, j'en témoigne ! s'exclame la dame de Montfou.

— Ho ! Qu'ois-je ? s'offusque l'inquisiteur.

— Vous m'avez bien ouïe ! Mais vous allez vite me pardonner puisque vous m'entendrez dans l'heure en confession.

Frédégonde embrasse chaleureusement son amie et lui glisse à l'oreille :

— Prends bien soin de toi, ma mie, et ne t'inquiète pas pour ton beau Félin, je m'occupe du corbeau et de son comte blanc.

La litière franchit le pont-levis. Après un dernier salut, Frédégonde s'empare du bras du moine et lance :

— Allons-y, mon père, j'ai quelques horreurs à confesser à Dieu.

6

La chasse est ouverte

Dans le logement du gardien, tout en sirotant une pinte de vin, le Félin attend patiemment le réveil des deux hommes qu'il a assommés. Le jeune soldat est le premier à rouvrir l'œil.

— Ouch ! Peste du rat ! M'a pas raté le gredin ! rouspète-t-il en s'appuyant sur un banc pour se redresser.

Il pousse un léger cri de frayeur en découvrant le chevalier assis de l'autre côté de la table. Il jette un regard au geôlier qui gît sur le dallage, à demi dévêtu.

— Alors, mon jeune ami, point trop mal à la tête ? s'enquiert le Félin. Je suis désolé de t'avoir malmené, mais je n'avais pas le choix.

Le garde, figé contre le mur, fixe l'évadé comme s'il s'agissait de Satan en personne.

— Eh bien, tu n'appelles pas au secours ? s'étonne Yvain. Allons, un peu de nerf !

Le jeune homme ne parvient qu'à avaler sa salive. Il se crispe davantage en voyant le magicien se lever et contourner la table pour s'approcher de lui.

— Je te trouve bien émotif. Heureusement que le château n'est pas attaqué... Je vais t'aider ; répète après moi : « Alerte ! Le magicien s'est évadé ! »

Le soldat bredouille. Le chevalier reprend :

— Plus fort, voyons. Nous allons crier ensemble...

Finalement, après quelques essais, le garçon parvient à donner de la force à sa voix. Le chevalier le remercie, puis quitte la pièce. Aussitôt, le soldat se déchaîne :

— À la garde ! À la garde ! Le magicien s'est évadé !

Le Félin traverse la cour et franchit le pont-levis comme s'il avait le diable aux chausses. Des cris résonnent en haut des remparts :

— Je le vois ! Abattez-le !

Des carreaux[1] d'arbalètes fusent en direction du fuyard, mais celui-ci disparaît dans une venelle

1. Carreaux : projectiles de l'arbalète munis d'une pointe à quatre faces.

en pente. Il tourne à droite, descend un escalier au bas duquel est posté un homme enveloppé dans une cape brune. L'individu se tient bizarrement appuyé contre le mur d'une maison qui fait l'angle, comme un coupe-jarret à l'affût. Le chevalier approche en silence… lui pose une main sur l'épaule. L'homme sursaute de surprise, se retourne en rejetant vivement son capuchon en arrière.

— Ah, maître, vous voici ! soupire Gilles. Tout s'est-il bien passé ?

— Jusque-là, oui. T'aurais-je fait peur ?

— Non point, sire Yvain. C'est juste que j'étais en train de… de…

Il montre la lorgnette coudée de maître Pirus.

— De jouer, dit le chevalier.

— Certes. Mais visez ce que j'observais avec mon Œil-en-coin.

Le chevalier s'empare de la lunette pour regarder dans la rue qui descend à droite.

— Je ne vois rien.

— Alors, il a passé son chemin.

— Qui ?

— Le rustaud du comte Zarkis. Il était là, à quelques pas de l'échoppe de notre forgeron. Il faisait la cour à une lingère… disons plutôt la *basse-cour*.

Le Félin paraît contrarié.

— Et tu n'as point vu le comte ?

— Non. Je suppose qu'il est en train de préparer sa prochaine chasse.

— C'est même certain. Espérons qu'il courra après le bon lièvre. Viens.

Ils se rendent à quelques pas de là, dans l'antre du forgeron qui a pris leurs montures en pension. L'artisan, en train de marteler un fer à cheval, les accueille avec un sourire gêné.

— Ah ! Bien le bonjour, messires, j'ai... je me suis bien occupé de vos chevaux, dit-il d'une voix mal assurée. Ils sont dans l'écurie, à côté.

— Parfait, allez nous les chercher, ordonne Yvain.

— Ah ben... Allez-y vous-même, j'ai un fer au feu, répond le forgeron en actionnant nerveusement son soufflet de forge.

Le chevalier échange un regard avec Gilles. D'un geste discret, il lui ordonne de ne plus bouger et de se tenir sur ses gardes. Il s'approche de la masure de planches qui sert d'écurie au forgeron, franchit le portillon avec prudence. Pendant quelques secondes, il reste immobile à l'entrée, tous les sens en alerte. Des rais de lumière filtrent par les planches disjointes des cloisons. Il aperçoit son étalon dans un box, ainsi que celui de Gilles. Tout est calme, mais son instinct lui dit que le comte Zarkis est tout proche, sans doute prêt à bondir. Il repère une fourche, s'en empare, avance lentement, mais bientôt il acquiert la conviction que le loup n'est pas là. Il jette la fourche et se hâte de sortir les chevaux. Une fois dehors, il est interpellé par une voix à l'accent slave :

— Bonjour, messire de Bréa, nous nous retrouvons.

Le chevalier-loup, étincelant dans son armure, un pied posé sur un billot, se tient devant l'échoppe du forgeron. À sa gauche, un poignard de chasse sous la gorge, Gilles est furieux. Contrairement à lui, Ravageole, qui le maintient ainsi en respect, arbore un large sourire édenté.

— Bonjour, comte Zarkis. J'avais flairé votre présence, je ne suis donc point surpris de vous voir. En revanche, je m'étonne que vous agissiez maintenant. J'aurais parié que vous me laisseriez filer pour mieux me prendre en chasse.

— Telle était mon intention, en effet. Et puis j'ai réfléchi… Avec un fugitif de votre qualité, il faut faire durer le divertissement. Je craignais que vous ne retourniez tout droit vous blottir sous l'aile protectrice de votre seigneur, ce qui aurait fâcheusement abrégé ma « chasse au Félin ». J'ai donc imaginé vous fournir une raison particulière de ne pas gâter mon plaisir…

Le comte regarde Gilles et reprend :

— Ce brave garçon sera sous ma protection tant que je vous chasserai. Mais si je vous attrape ou si vous vous réfugiez à Montbrisac, il deviendra le gibier de ma prochaine chasse. Si par quelque diabolique fortune vous réussissiez à m'échapper jusqu'au printemps, votre écuyer retrouvera la liberté et vous gagnerez mon respect. Qu'en dites-vous, messire ?

— Entendu. Et les Italiens ?

— C'est une autre affaire qui se réglera selon la volonté de Dieu, c'est-à-dire celle de l'inquisiteur.

Le Félin paraît réfléchir tout en fixant son écuyer.

— Quelle avance me laissez-vous ? demande-t-il.

— Disons… le temps de confier notre jeune ami au geôlier de Montfou.

— Votre Seigneurie est trop bonne.

— Profitez pleinement de l'avance que je vous laisse, car c'est sur vos jambes et non sur celles de votre étalon que vous devrez courir.

Semblant ignorer le conseil, le chevalier dit à son écuyer :

— À plus tard, Gilles. C'est le moment de te souvenir de mes leçons.

— Absolument, maître, j'ai déjà quelques idées en tête, répond l'adolescent en lui adressant un clin d'œil.

Sans ajouter un mot, le Félin tourne les talons et s'éloigne sans se presser. Le comte Zarkis ramène d'un geste vif sa cape de fourrure contre lui, puis il ordonne au forgeron :

— Va chercher mon cheval. Et garde ceux-ci, ils sont à toi désormais.

— Oh ! Merci, monseigneur, merci !

— Ravageole, tu confieras l'écuyer au sergent Latruffe en lui recommandant d'en prendre grand soin. Je tiens à garder ce jeune gibier en forme.

— Bien, Votre Seigneurie. Quand partons-nous en chasse ?

— Il faut que j'aille voir Gonthier. Tu m'attendras dans la cour du château.

7

Les exploits de Gilles

Le comte parti, Ravageole contraint Gilles à faire demi-tour, lui tordant un bras dans le dos et lui piquant les côtes de son poignard. Il le force ainsi à remonter la rue. Formé par son chevalier à maîtriser ses émotions, le garçon réfléchit à ce qu'il va faire pour échapper au limier du comte. D'abord, il faut essayer la ruse psychologique :

— Dis-moi, Ravageole, n'aimerais-tu point savoir comment mon maître s'y est pris pour me transpercer de son épée ?

— Ferme-la ou c'est moi qui te transperce.

Gilles sent les épices du lointain Orient lui monter au nez. Il se concentre pour se souvenir d'un savant jeu de mains que son maître lui a appris pour se transformer en anguille. Mais Ravageole le bouscule brusquement vers la gauche, entre deux maisons à colombage d'où part l'escalier qui mène au château. L'adolescent décide d'agir comme son instinct le lui dicte et non sa tête. Il fait semblant de trébucher, essaie d'entraîner l'autre dans sa chute, mais celui-ci a de trop bons réflexes pour se laisser surprendre. Gilles n'en poursuit pas moins sa manœuvre : il se retourne, lui assène un coup de talon dans le bas-ventre. Ravageole accuse le coup sans pour autant le lâcher.

— Ouille ! Sale vermine ! souffle-t-il.

L'écuyer se relève. Le voici face à un adversaire qui, mâchoires crispées de colère et le retenant par un poignet, semble prêt à le poignarder. L'adolescent plonge la main sous sa cape et dégaine l'Épée Sanglante de maître Pirus.

— Laisse-moi partir, menace-t-il en brandissant la lame.

— Tu commences à me chatouiller les moustaches, le morpion !

— Laisse-moi partir te dis-je, ou je te fends le crâne !

Vif comme un serpent, Ravageole lui libère le poignet pour l'expédier à terre d'un coup de poing dans la figure. Groggy, Gilles tente de se relever.

Le limier l'assomme d'un coup à l'occiput. Il se redresse, reprend son souffle, puis glisse son poignard sous sa ceinture en grommelant :

— C'est malin, je vais devoir te porter maintenant.

Dans le même temps, le comte Zarkis pénètre dans la chambre du baron de Montfou. La châtelaine et l'inquisiteur sont en pleine dispute.

— Ah, vous tombez bien, messire ! s'exclame Gonthier de Charmieux. Figurez-vous que dame Frédégonde refuse le jeûne que je lui prescris pour la santé de son âme.

— Et comment ! s'écrie la dame de Montfou. C'est qu'il me trouve de trop bonne mine ! Eh bien, n'y comptez point ! La dernière fois que j'ai jeûné, j'avais dix ans ; c'était à cause d'une indigestion de gaufres et cela n'a duré qu'une journée.

— Je vous donne raison, dame Frédégonde, dit le comte avec calme. Il est hors de question d'amaigrir votre rond minois, fût-ce pour la santé de votre âme. Surtout que nous allons partir…

— Oh ! Assurément, messire ? s'étonne Frédégonde, ravie d'apprendre une si bonne nouvelle.

— Mais oui, et sous peu.

— Plaisantez-vous, messire comte ? demande le moine.

— M'avez-vous déjà vu plaisanter ? réplique le chevalier-loup en plantant son regard rouge dans les yeux de rat de l'inquisiteur.

— Vraiment, quel dommage ! fait la dame. Nous vous regretterons. Quand donc nous quittez-vous ?

— Dans l'heure, en ce qui me concerne, répond le comte. Quant à vous, mon père, vous partirez aussitôt que possible.

— Dans quelle direction ? demande sèchement le moine.

Comprenant qu'il s'est montré un peu trop autoritaire, le comte répond d'une voix radoucie :

— J'ai ouï dire qu'en terre de Montbrisac le péché faisait des ravages, mon père. C'est pourquoi je vous suggère de vous y rendre.

Le visage de l'inquisiteur change d'un coup d'expression.

— Oh, alors je me mettrai en route avant la tombée du jour, s'enthousiasme-t-il.

— Mais oui ! Je vous aiderai à plier bagage, mon père, lance Frédégonde tout excitée.

— Non, madame, la contredit le comte avec autorité, vous n'aiderez point le père Gonthier, car vous aurez assez à faire avec vos propres préparatifs.

— Qu'ois-je ? s'étrangle la femme.

— En effet, je pense que votre amie Isabeau aura fort besoin d'un soutien moral, ainsi que tout malade qui doit avaler d'amères potions. Car les soins spirituels de notre cher inquisiteur sont parfois difficiles à digérer. N'est-ce pas, mon père ?

— Euh… monseigneur, croyez-vous nécessaire d'éloigner dame Frédégonde de son mari ? demande l'inquisiteur. Voyez comme le malheureux est faible…

Assis dans un fauteuil près de la cheminée, le baron, plus livide et maigre que jamais, acquiesce mollement.

— Pour une fois, mon père, je vous approuve ! lance la châtelaine.

— Vous partirez avec l'inquisiteur ! tranche le comte agacé. Vous allez de plus avoir besoin d'une partie de votre garnison pour nous escorter. Veillez à ce qu'elle s'arme correctement, pour le cas où le seigneur de Montbrisac se montrerait rebelle à la volonté divine.

Gilles reprend ses esprits dans la salle de garde du donjon, alors que Ravageole le confie aux bons soins du geôlier.

— Pas de problème, messire, je le logerai dans ma plus belle cellule, avec un compagnon de son espèce.

— Attention, il me faut le récupérer en bon état, avertit le limier. Ne le mets point avec une brute.

— J'ai bien compris. Je vais vous le bichonner, votre damoiseau. Faites confiance, messire. Allez, mon gars, passe devant.

Contrairement à son maître, l'écuyer n'a que quelques marches à descendre avant d'être introduit dans une cellule, certes exiguë, mais sèche et pas trop froide. Elle comporte deux grabats recouverts d'une couche de vieille paille. Une lucarne en hauteur, condamnée par des barreaux et obturée avec du parchemin huilé, diffuse une lumière jaunâtre.

— Tu verras, gamin, comme on est bien ici. Et puis t'auras un petit compagnon…

Le gardien adresse des bisous à une minuscule silhouette recroquevillée sur le lit de droite.

— C'est le singe de messire Gubio ! s'exclame Gilles.

— C'était ! Il est à moi maintenant. J'essaie de l'apprivoiser, mais la charogne m'a déjà mordu trois fois. Je finirai bien par la dompter. Hein, la bestiole ?

Le singe, vêtu d'un costume d'Arlequin, répond en montrant ses petites dents pointues. Un collier de condamné, cadenassé autour de la taille et relié par une chaîne à un anneau fixé au mur, l'oblige à rester sur le grabat.

— Bon, je vous laisse. Je vous apporterai la soupe tout à l'heure.

Il quitte la cellule en laissant son prisonnier libre de ses mouvements. Celui-ci s'assoit sur son grabat, soupire, plisse le nez de dégoût.

— Il faudra que j'attrape l'aubergiste par le col, ronchonne-t-il. C'est une honte de loger l'écuyer du Félin dans une telle puanteur.

Il échange un long regard avec le singe, puis lui parle avec douceur :

— Comment t'appelles-tu déjà ? Ta maîtresse, la belle Fiorina, me l'a dit l'autre jour, mais je l'ai oublié… Matéo… Mathias ! Oui, cela me revient ! Bonjour, Mathias !

En entendant son nom, le singe retrouve de la vigueur. Il pousse de petits cris, effectue une roulade, marche sur le lit en tendant une main comme s'il faisait la quête. Gilles l'observe avec amusement.

— Oh, attends ! J'ai là quelque chose que tu devrais apprécier.

L'adolescent tire de son surcot matelassé un petit paquet de tissu, qu'il déplie sur ses genoux.

— Mmm, miam ! Voici qui va te faire danser de joie.

Il tend un morceau de fromage à l'animal qui hésite avant d'accepter. Mais la faim et le sourire bienveillant du jeune humain l'emportent sur ses craintes… Moins d'un quart d'heure plus tard, ils sont devenus les meilleurs amis du monde. Le petit singe, juché sur l'épaule de son compagnon de cellule, fouille avec application dans sa chevelure.

— C'est bien agréable de se faire épouiller, dit Gilles, mais il faut penser à s'évader. Je vais d'abord te libérer.

En mission, à l'instar de son maître, l'écuyer du Félin emporte toujours un équipement d'agent secret habilement dissimulé dans ses vêtements. Du revers de sa ceinture, il tire un crochet de fer. Avant de s'attaquer à la serrure du cadenas qui retient le singe prisonnier, il se concentre. De toutes les techniques d'espionnage qu'il apprend depuis qu'il est l'écuyer du Félin, le crochetage de serrure est celle qu'il a le plus de mal à assimiler. Pourtant, après une dizaine de tentatives *seulement*, il parvient à ouvrir le cercle de fer qui meurtrit la taille de Mathias. De reconnaissance celui-ci lui saute au cou, puis se remet à l'épouiller avec application.

— Hé ! Doucement, petit fol ! Nous ne sommes pas encore sortis de l'auberge.

Gilles va maintenant avoir affaire à plus forte partie : la serrure de sa prison. Et ce qu'il craignait se réalise :

— Farce du diable ! Maudit mécanisme, tu ne veux pas céder ! Alors tant pis pour toi, j'userai d'un autre argument.

Son équipement compte également des boulettes d'une pâte incendiaire à base de soufre, assez puissante pour faire fondre des pièces métalliques… en théorie. Afin de s'assurer une complète réussite, il bourre le trou de la serrure de tout son stock de Crottes-de-dragon. Sans s'interroger sur les conséquences, il allume le dispositif avec un Bâton-à-feu. Une gerbe de flammes éblouissantes jaillit aussitôt, qui incendie le matelas de paille d'un des lits. Le singe pousse des cris stridents. Gilles s'approche de la porte qui commence elle-même à flamber. Impossible de la tirer par la poignée. Et pour cause, elle n'en a pas ! Il aurait pu s'en rendre compte plus tôt ! De rage, il donne des coups de talon contre le battant, sans résultat. Puis il tente de se calmer et de se concentrer, car son maître lui a moult fois répété que dans les pires circonstances, le premier danger vient de soi et se nomme « panique » ou « colère ». Il se prend la tête entre les mains, ferme les yeux.

— Maîtrise, concentration… Maîtrise, concentration… murmure-t-il.

Il rouvre les yeux ; la seconde couchette est en flammes. Il n'y a plus une seconde à perdre.

— Au secours ! Gardien ! Au feu ! Au feu !

À genoux, se protégeant le visage d'un bras, il cherche le petit singe dans une fumée âcre qui le fait tousser.

— Mathias ! appelle-t-il.

Sa main rencontre une boule de poils recroquevillée au fond de la cellule.

Le gardien, alerté par les coups et les cris, accourt dans le couloir. Voyant l'épaisse fumée s'échapper sous l'une des portes, il comprend que son jeune protégé a joué avec le feu.

— Mordieu, tu vas prendre une de ces fessées ! rugit-il.

Il se jette l'épaule en avant. La porte du cachot s'ouvre avec fracas et libère un nuage noir.

— Où t'es, le morveux ?

— Là, messire ! s'écrie Gilles.

Il sort à quatre pattes de la cellule, le singe accroché à son ventre comme à celui de sa mère. Le geôlier le relève sans ménagement.

— Ça va te coûter cher, la plaisanterie ! profère-t-il.

— En attendant, vous feriez bien de vous bouger si vous ne voulez pas que le château flambe.

— Nom de Diou ! Passe devant, sacripant !

Le gardien bouscule son prisonnier jusqu'à la salle de garde où plusieurs soldats viennent d'arriver. Il confie Gilles et le singe à l'un d'eux en ordonnant :

— Tiens-moi ce macaque à l'œil !

Tandis que l'alerte au feu se répand, Gilles saisit sa chance :

— Prends-le. Moi je vais aider à éteindre l'incendie, dit-il en tendant Mathias au soldat.

— Hein ? Minute, jeunot, le gardien m'a dit de t'avoir à l'œil.

— Pas moi, idiot ! Il parlait du *macaque*, du singe ! Et fais attention à ton nez, c'est là qu'il aime mordre.

Le soldat se protège aussitôt le nez d'une main. De l'autre, il attrape le singe par la peau du dos comme un chat. Mais un macaque n'est pas un chat…

— Aïïïe !

Gilles surgit du donjon en criant « au feu ! ». Il traverse la cour, franchit la herse du châtelet d'entrée. Le pont-levis est abaissé. Mais là, il tombe nez à nez avec une vilaine figure connue.

— Holà, gamin, tu cours où comme ça ? l'interpelle Ravageole.

Gilles s'arrête, soupire et jure en tapant le sol du talon :

— Fouchtra !

8
Chasse au Félin

Assis sur un tronc abattu, le Félin taille en pointe avec un petit couteau l'extrémité d'une branche. Il s'est remis à neiger depuis peu, ce qui l'aidera dans la réalisation de son plan. Après avoir marché sur une lieue[1], il a trouvé ce qu'il cherchait au cœur d'une forêt de chênes : un endroit idéal pour piéger le loup…

Dans la cour du château de Montfou, c'est le soulagement. Le geôlier, noir de suie, vient annoncer à la châtelaine que l'incendie est éteint.

— Bien, bien. Félicitations, mon ami, dit la dame emmitouflée dans un manteau fourré. Par contre,

1. Une lieue : environ quatre kilomètres.

vous, je vous retiens avec votre « châtiment de Dieu », dit-elle à l'inquisiteur. J'ai failli y croire, figurez-vous !

Le moine paraît presque regretter que le château ne soit pas parti en fumée.

— C'était un avertissement, marmonne-t-il.

Indifférent à ces échanges, le comte Zarkis dévisage le responsable de ce remue-ménage.

— Est-ce donc cela que t'apprend ton maître, dit-il, l'art d'incendier les châteaux ?

Gilles, poings liés et flanqué de deux gardes, soutient le regard de braise du comte :

— Je ne suis que l'élève, messire. Lorsque vous affronterez le maître, vous verrez la différence.

Le comte a un bref sourire. Il rejette sa chevelure blanche en arrière, puis coiffe son heaume en tête de loup. Il relève la visière, monte à cheval.

— Dame Frédégonde, je vous confie la garde de ce garçon, dit-il. Il voyagera avec vous, dans votre voiture, afin que vous ayez en permanence un œil sur lui.

La châtelaine dévore l'adolescent d'un regard gourmand.

— Mais bien volontiers ! Je le prendrai sous mon aile, le petit polisson.

Gilles pâlit en imaginant la scène. Le moine intervient :

— Moi aussi je m'en occuperai ! Je lui ferai chanter des cantiques pour le pardon de ses péchés !

— Oooh ! Le bourreau ! s'écrie Frédégonde.

Le comte se tourne vers son limier pour lui ordonner :

— Ravageole, à toi aussi je confie la garde de ce jeune félin.

— Je ne viens point chasser avec vous ? s'étonne le rustaud, déçu.

— Non. Pour une fois, je lèverai la bête moimême.

Le comte s'empare du long épieu que lui tend son serviteur et tourne bride. Gilles le regarde avec inquiétude quitter le château au galop. Certes il a confiance en son chevalier, mais jamais il n'a perçu tant de ruse chez un adversaire...

Le comte Zarkis se fie à son instinct de chasseur pour choisir la direction prise par son gibier, et il ne peut s'agir que de la forêt. Les chemins et les prairies offrent trop de visibilité. Effectivement, malgré la fine poudreuse qui commence à recouvrir la précédente couche neigeuse, le chasseur repère l'endroit exact où son gibier s'est enfoncé dans le bois. Suivre sa piste n'est qu'un jeu d'enfant. Déjà, il se dit que le héros n'est pas à la hauteur de sa réputation. Rien que pour cette déception, il ne lui laissera pas la vie sauve.

Il tire brusquement sur les rênes. Sa monture se cabre. Quelque chose lui dit que le *fauve* n'est pas loin. Avec certitude, il s'est arrêté ici, sur cet arbre mort… Il tourne lentement la tête d'un côté puis de l'autre, comme pour flairer sa proie. Il abaisse son épieu, puis guide son cheval aux talons vers le dôme neigeux d'un épais roncier. Soudain en surgit une silhouette qui s'enfuit à toutes jambes. Le chasseur part au galop, l'épieu pointé comme une lance de tournoi. Il va embrocher le Félin comme un vulgaire sanglier.

— YAAA ! YAAA ! hurle-t-il.

Yvain jette un bref coup d'œil en arrière avec une expression de terreur. Il bifurque brusquement à droite, saute par-dessus un tronc abattu. Le cavalier ne se laisse pas surprendre. Bien au contraire, cela lui permet de se rapprocher du fugitif, si bien qu'il sera sur lui en quelques foulées. Mais une branche se rabat comme un fouet, le heurtant à la tête. Il bascule en arrière et chute dans la neige. Le Félin fait volte-face. Profitant de ce que le cavalier, alourdi par son armure, tarde à se relever, il s'empare de l'épieu, insinue la pointe ferrée entre le heaume et le plastron, pique sous la glotte. Le comte lève les mains pour signifier qu'il se rend.

— Vous avez gagné, sire Yvain, dit-il le souffle court. Tuez-moi.

— Un chevalier peut-il en tuer un autre autrement qu'en combat singulier ? demande le Félin.

— Je vous ai sous-estimé, chevalier de Bréa, je ne mérite aucune indulgence.

— Exact. C'est pourquoi je ne vous ferai point l'honneur de vous tuer. En vérité, je ne vous ai pas piégé pour vous voler la vie...

— Je comprends. Mais n'ayez point souci de la santé de votre écuyer, je l'ai mis hors d'état de nuire.

Une ombre d'inquiétude passe sur le visage d'Yvain. Inconsciemment, il accentue la pression sur la gorge du comte.

— Expliquez-vous.

— Figurez-vous que votre apprenti espion a failli incendier le château de Montfou, en commençant par sa propre cellule. (Le Félin sourit.) Par sécurité, je l'ai confié à dame Frédégonde. Croyez-moi, chevalier, nous pouvons être tranquilles ; elle veille sur lui comme une mère poule.

— Rien que pour cela, comte Zarkis, je vous absous de m'avoir fait courir. Mais je vais quand même vous contrarier. En vous piégeant, vous disais-je, je n'en voulais point à votre vie. En effet, bien que fier d'être un félin, je n'en suis pas moins chevalier. Et dans *chevalier* il y a... *cheval*. Je trouve le vôtre fort beau et cela me changera de monter un destrier blanc.

Grimaçant de rage, le comte tente de se redresser.

— Je vous interdis ! s'écrie-t-il.

— Je me confesserai auprès du père Gonthier pour me faire pardonner. Adieu, comte.

Yvain se détourne brusquement et court jusqu'au destrier blanc qui patiente non loin de là. Il saute en selle. Avant de partir, il lance au comte Zarkis :

— Messire, la chasse est pour l'heure terminée, mais un jour nous nous retrouverons, qui sait ? Pour une chasse au loup !

9

Allé-é-luia !

Son piège à loup ayant fonctionné comme il le souhaitait, le Félin décide de rentrer à Montbrisac. La chevauchée durera une vingtaine d'heures, dans un froid supportable au début, atroce vers la fin. Il franchit le pont-levis du château, frigorifié, épuisé, presque aussi pâle que le comte Zarkis. Alerté par le guet, Hugues de Montbrisac est le premier à se porter à la rencontre du chevalier qui pénètre dans la cour de la forteresse.

— Ah, Yvain, enfin ! J'ai failli m'inquiéter !

Le chevalier, le visage paralysé de froid, acquiesce d'un léger signe de tête, puis il se laisse glisser de sa monture. Ses jambes glacées ne le soutiennent plus, le seigneur le rattrape de justesse.

— Mordieu ! Yvain ! Qu'on appelle Isabeau... et maître Pirus ! Et faites chauffer un baquet. Mais hâtez-vous, au nom de Dieu ! hurle le seigneur à ses gens qui ne s'affolent pas assez.

— Si le père Gonthier vous entendait... fait Yvain d'une voix à peine audible.

— Que dites-vous, mon ami ?

Isabeau surgit dans la cour telle une tornade. Elle pousse à son tour une exclamation, puis se précipite pour aider son père à soutenir le revenant. En moins de temps qu'il ne faut pour l'écrire, le héros est transporté dans sa chambre, dévêtu, frotté avec des herbes revigorantes, baigné, pomponné et finalement couché. On lui met un bol de bouillon fumant entre les mains et l'on s'assoit en cercle autour de son lit à baldaquin. Un silence s'instaure. Tout le monde est présent : maître Pirus, Fiorina, Gubio, Giacomo...

— Vous sentez-vous mieux, mon ami ? s'inquiète pour la dixième fois au moins le seigneur de Montbrisac.

— Voyons, père, laissez sire Yvain terminer son bouillon.

— Je me sens mieux, vraiment, répond le chevalier. Mais il était temps que j'arrive.

— Oui, certes. Alors ? fait le seigneur terriblement impatient d'entendre le rapport de son agent secret.

— Alors, il faut s'attendre au pire, répond le Félin.

— Fichtre ! Je mets immédiatement la garnison en état d'alerte.

— Inutile. Contre les foudres de Dieu, ce ne sont pas les armes de guerre qu'il faut sortir, mais les crucifix et les livres de prières. Je parie que nous aurons sous peu la visite d'un inquisiteur.

— Alors il me faut partir à l'autre bout du monde, dit Isabeau, car si ce Gonthier de Charmieux met son museau de rat dans ma vie, je l'enlacerai de mon Bras-de-Shiva… et je jure de lui faire perdre la tête !

— S'il vous plaît, Isabeau, laissez-moi d'abord lui arracher les yeux, les oreilles et le nez, lance Fiorina en mimant l'opération.

— Moi, je lui offrirai un numéro spécial de cracheur de feu, profère à son tour Gubio. Ainsi il saura ce qu'est vraiment un dragon de l'enfer.

Son fils Giacomo propose, lui, de réaliser le tour de l'Épée Sanglante… sans trucage. Yvain éclate de rire.

— Je crois que notre inquisiteur apprendra beaucoup de choses en venant ici… sur l'enfer, dit-il avant d'être pris d'une violente quinte de toux.

Avec un même empressement, Isabeau et Fiorina se lèvent pour s'occuper du malade. Elles se foudroient du regard tandis que, de son côté, maître Pirus glousse en songeant à toutes les farces qu'il pourrait inventer pour effrayer l'inquisiteur.

— Vivement qu'il arrive, murmure-t-il en se frottant les mains.

Trois jours passent et enfin…

— Les voilà ! Les voilà ! hurle un guetteur en milieu de matinée.

Aussitôt c'est le branle-bas de combat, pour ne pas dire l'affolement. Isabeau gagne sa chambre en toute hâte, se jette sur son coffre à vêtements. Sa servante Francine l'aide à enfiler sa robe la plus triste.

— Mon voile, as-tu reprisé mon voile de deuil ? s'inquiète la fille du seigneur.

— Mais oui, répond Francine. Tenez, le voici. Et n'oubliez pas le chapelet…

Le seigneur de Montbrisac surgit hors de sa chambre en chemise et chausses :

— GERVAI-AI-AIS !!! Ma croix de bois ! Je ne trouve plus ma croix de bois !

L'écuyer du seigneur accourt dans le couloir en tendant le saint objet :

— La voici, monseigneur, j'étais en train de l'astiquer.

— Dépêche-toi, nom de nom ! le rudoie son maître en retournant dans sa chambre.

Du côté des Italiens, l'agitation est tout aussi vive. Gubio et Giacomo, qui partagent la même chambre au donjon, s'emmêlent dans les surcots noirs et les braies grises, les chapelets et les croix.

— Ma qué-ce que ça veut dire? C'est pas la mienne celle-là!

— Et ça, c'est à qui?

L'aumônier Marcelin quitte au trot sa chapelle, s'engage dans une galerie en serrant contre lui une pile de bibles qui lui monte au menton. De l'antre de maître Pirus, au rez-de-chaussée du donjon, s'échappent d'étranges fumerolles vertes. Le savant apparaît, la barbe teinte en vert.

— C'est la catastrophe! Je ne suis pas prêt!

— Tant pis, maître Pirus, vous improviserez! lui lance le chevalier de Bréa qui a revêtu son armure anthracite et coiffé son heaume en tête de panthère noire.

Finalement, tout le monde se rassemble dans la cour. Les guetteurs sur les remparts annoncent que le convoi de l'inquisiteur franchit la petite rivière, ce qui signifie qu'ils sont à moins de cinq cents coudées[1] du château.

1. Coudée : environ cinquante centimètres (cinq cents coudées valent donc deux cent cinquante mètres).

— Vous êtes tous là ? demande l'aumônier. Bon, je lance le cantique. À trois, c'est parti... Un, deux... trois !

— *DEUS !!! DE-E-UUS, gracia ! Allé-é-luia !!!* chantent dans un ensemble quelque peu discordant la maison de Montbrisac et leurs hôtes italiens.

La petite procession, conduite par l'aumônier qui porte le Christ en croix au bout d'une longue hampe, franchit le pont-levis. Les portiers plantent un genou à terre et se signent à son passage, comme pour un cortège funèbre. Le seigneur de Montbrisac se dirige vers le convoi composé d'un gros coche, de trois chariots couverts et d'une forte escorte d'une cinquantaine de soldats. Le comte Zarkis chevauche en tête, monté sur un destrier noir qui manifeste une vive nervosité à l'approche de l'écurie. Son propriétaire, le chevalier de Bréa, sourit sous son heaume, car il assiste à la procession monté sur l'étalon blanc du comte. Des têtes apparaissent de chaque côté du coche. À droite, dame Frédégonde lance des « hou-hou ! » en agitant ses mains grassouillettes. Penché à l'autre fenêtre, l'inquisiteur Gonthier de Charmieux ouvre des yeux de sacristain découvrant une madone nue. De l'autre côté de la voiture, Gilles n'apparaît que brièvement, pris d'une crise de fou rire qui fait dire au moine :

— Nous approchons de l'antre de la folie. Dieu nous protège…

Il se signe et se met à marmonner une prière.

— *Allé-é-luia ! Allé-é-luia !* chantent avec conviction les gens de Montbrisac.

Le comte Zarkis fait stopper le convoi. Son regard embrasé n'exprime que colère. Il fixe le Félin qui, visière relevée, lui adresse un sourire. L'aumônier Marcelin fait cesser le chant. Hugues de Montbrisac souhaite la bienvenue à l'envoyé de monseigneur l'évêque et à son équipage. Le moine descend de voiture. Aussitôt le seigneur et ses compagnons s'agenouillent et inclinent la tête comme si le pape en personne venait de fouler la terre de Montbrisac.

— Nous serons vos humbles serviteurs, dit le vieux guerrier.

— Relevez-vous, messire, jette le comte Zarkis avec irritation. Que signifie cette mascarade ?

— Pardon ? fait le seigneur en se relevant. Vous appelez mascarade une procession de foi ? Ignorez-vous, comte Zarkis, que vous vous apprêtez à être accueilli par la plus pieuse des pieuses maisons de ce royaume ? La visite de l'inquisiteur Charmieux est pour nous comme une… comme un… Les mots me manquent…

— Un don du ciel, l'aide Isabeau. Permettez, mon père, que j'aille embrasser ma sœur Frédégonde.

— Faites ma fille, faites. Et vous autres, remerciez le ciel avec moi de nous avoir envoyé un de ses anges ! s'exclame le seigneur en se tournant vers ses amis. Allez… *Allé-é-luia !* Reprenez avec nous, mon père… *Allé-é-luia !!!*

Le moine interroge le comte Zarkis du regard, mais celui-ci préfère tourner bride pour aller donner des ordres à l'arrière.

10

Le moine se rebiffe

L'inquisiteur et son protecteur une fois installés dans la partie la plus austère du château, le seigneur de Montbrisac offre un repas dans la grande salle. Dame Frédégonde est la première à prendre place à la table longue, déjà enthousiaste à l'idée de dévorer un cuissot de chevreuil et quelques livres de châtaignes. Isabeau entre dans la salle avec le chevalier de Bréa. Son sourire disparaît d'un coup en apercevant son amie d'enfance.

— Oh ! Dieu tout puissant, protégez-moi, j'ai oublié de la prévenir, dit-elle, songeant au menu *spécial inquisiteur* commandé aux cuisines par son père.

— Laissez, Isabeau, je m'en charge. Je me mettrai à côté d'elle… et je lui donnerai ma part, lui chuchote le Félin.

La fille du seigneur pouffe, mais reprend vite son sérieux, car voici l'inquisiteur et son chevalier blanc. Autant le premier est souriant, autant le second paraît avoir avalé un hérisson. Yvain incline légèrement le buste pour les saluer, puis dit au comte :

— Alors, messire Zarkis, m'en voulez-vous toujours de vous avoir gâché votre dernière chasse ?

— La prochaine sera plus sanglante, je vous le promets, répond le personnage d'une voix de glace.

— C'est possible. Pourvu que le gibier ne porte point jupons ni cotte à damier. Sera-ce un loup ?

— Allons, allons, mes seigneurs, intervient le père Gonthier. Préservons la paix entre chrétiens de bonne noblesse et apprêtons-nous à remercier le Seigneur des nourritures terrestres dont nous allons maintenant contenter nos corps… Ensuite nous nous occuperons du mal, ajoute-t-il d'un air tout à coup méchant.

Hugues de Montbrisac et l'aumônier du château, suivis des autres convives, pénètrent à leur tour dans la salle.

— Ah, mon père, mes amis, ma fille, quel bonheur de vous retrouver ! Rendons tout de suite grâces à Dieu de nous offrir un pareil moment de bonheur. Nous allons chanter un cantique…

— Ah non, je vous en prie ! s'exclame la dame de Montfou. Enfin… excusez-moi, Votre Seigneurie, mais… nous n'avons rien avalé depuis des heures et je risque de tomber d'inanition si je ne suis pas de toute urgence alimentée.

— Vous avez raison, dame Frédégonde, nous nous contenterons d'une prière. Ensuite, père Gonthier, tandis que nous mangerons, vous nous lirez à haute voix nos chers Évangiles.

L'inquisiteur pâlit, avale sa salive en regardant les assiettes alignées sur la table.

— Eh bien… je suggère plutôt de confier cette noble tâche à… ce jeune homme !

Il désigne d'un doigt autoritaire Gilles qui se fige. Mathias, assis sur son épaule, cesse de l'épouiller pour regarder l'inquisiteur. Après avoir échappé au gardien de Montfou, le singe a réussi à se faire accepter dans le coche de dame Frédégonde. Depuis, il ne lâche plus l'écuyer d'une semelle… ou plutôt d'une épaule !

Le repas commence, dans un silence religieux, car on a finalement renoncé aux Évangiles tant Gilles lisait mal. Pour premier plat, les convives ont droit à quelques rondelles de concombres et une poignée de noix. Le deuxième plat est un brouet de fèves et le dessert une louche de caillé. Le tout arrosé d'eau de puits.

L'inquisiteur flaire le complot, mais ne dit mot, jusqu'au moment où il passe à l'offensive :

— Messire Hugues, j'ai quelques griefs à vous adresser…

— Je sais, mon père. Je m'en confesserai bien volontiers après le repas.

— En fait, il me faut vous annoncer quelques mesures que je vous demanderai de prendre, pour commencer, à l'encontre des hérétiques qui hantent votre maison.

Le seigneur se lève comme une furie et, brandissant son couteau de table, il gronde :

— Des hérétiques en ma maison ? Où ça ? Montrez-les, mon père, et je les étripe sur-le-champ !

— Mais voyons, vous le savez bien.

Le moine désigne ostensiblement du regard les Italiens qui déjeunent en face de lui et affichent des sourires d'ange. Fiorina ne peut s'empêcher d'adresser au religieux un clin d'œil aguicheur.

— Diable ! Mais ce sont mes hôtes, réplique le seigneur. Je les ai recueillis tels de pauvres hères chassés par une peste noire… ou blanche je ne sais plus, un fléau qui les a jetés désemparés dans le blizzard et la neige. Je suis chevalier et bon chrétien, je ne saurais trahir mon devoir d'hospitalité. Aurais-je mal agi ?

— En effet, répond le moine avec calme. Je vais donc vous demander de les enfermer dans vos geôles sans retard. Je m'occuperai ensuite de leur procès. Eu égard à votre indéniable piété, je n'exigerai de vous aucune pénitence. Cependant, il me faudra bien m'acquitter d'un autre devoir de justice…

— Que voulez-vous dire ?

— Voyons, vous n'êtes pas sans savoir que monseigneur l'évêque m'a chargé de rétablir en ce comté la dîme épiscopale[1], jusque-là, il est vrai, mollement perçue. J'y remettrai donc bon ordre… (Le seigneur s'étrangle. Le comte Zarkis étire un sourire en coin.) Les redevances seront perçues en argent et en nature sur les produits du bétail, ainsi que sur les grains récoltés à raison du huitième.

— Vous moquez-vous ? demande le seigneur les pommettes empourprées.

— Ce n'est pas tout, poursuit le moine imperturbable. J'ai ouï dire que vous protégiez en ce château un personnage prétendument savant, mais qui serait en réalité un sorcier de la pire espèce.

Maître Pirus relève le menton :

— Serait-ce de moi que vous parlez ?

— Je ne sais. L'homme se fait appeler maître…

1. Dîme épiscopale : impôt perçu par l'Église.

— Il suffit ! s'écrie Hugues de Montbrisac en frappant la table du poing. La farce est terminée. Je vous ai accueilli en ami et en frère chrétien, comme tels je vous demande de respecter cette maison.

— Votre Seigneurie en soit remerciée, répond l'inquisiteur avec une glaciale assurance, mais il me faut malgré tout accomplir mon devoir. D'abord, je veux sans retard constater les faits de sorcellerie dont on accuse ce… sire Pirus (Il adresse un bref regard au savant.) Pouvons-nous nous rendre en ce lieu impie où il exerce ses talents occultes ?

Le seigneur, tout près d'étriper l'inquisiteur, interroge Yvain du regard. Le chevalier se tourne vers le moine pour proposer :

— Messire inquisiteur, vous souhaitez inspecter le domaine de notre savant astrologue, soit, mais saurez-vous faire la différence entre science et magie ?

— Je ne connais qu'une science digne d'exister : la théologie[1] ! répond l'inquisiteur en levant vivement un index indigné.

Deux petits cubes blancs jaillissent de sa manche. Ils roulent sur la table et s'immobilisent sur… un

1. Théologie : étude des questions religieuses fondée sur les textes sacrés.

double six ! Le moine rougit, bredouille d'incompréhensibles explications. Le comte, visiblement gêné, s'empresse de l'aider :

— Le... le père Gonthier a confisqué ces jouets du diable à des enfants.

— L'un d'eux était un beau tricheur, le coupe Gilles en faisant rouler les dés entre ses doigts, car ils sont pipés.

Le moine retrouve son air sévère :

— L'Église a donc doublement raison de condamner les jeux de hasard. On devrait brûler tous les dés et toutes les cartes de la chrétienté, et... ! s'enflamme-t-il.

Le comte Zarkis intervient brutalement :

— Mon père ! (Le moine sursaute.) Ne trouvez-vous pas qu'il serait temps de passer de la parole à l'action ? Maître Pirus, pouvez-vous je vous prie nous faire visiter votre officine ? demande-t-il sur un ton doux-acide.

Yvain et Isabeau échangent un regard perplexe. L'un et l'autre pressentent qu'il y a anguille sous roche. Le seigneur tente de protester, mais le vieux savant se lève et répond avec un franc sourire :

— Mais bien sûr, voyons. Qu'aurais-je à cacher au regard de Dieu ? Suivez-moi.

Tandis que la tablée se lève pour suivre le savant, Yvain appelle son écuyer et lui glisse quelques mots à l'oreille. Gilles approuve plusieurs fois de la tête, jette un bref regard vers le comte Zarkis qui observe ce discret conciliabule, puis il quitte la pièce en hâte.

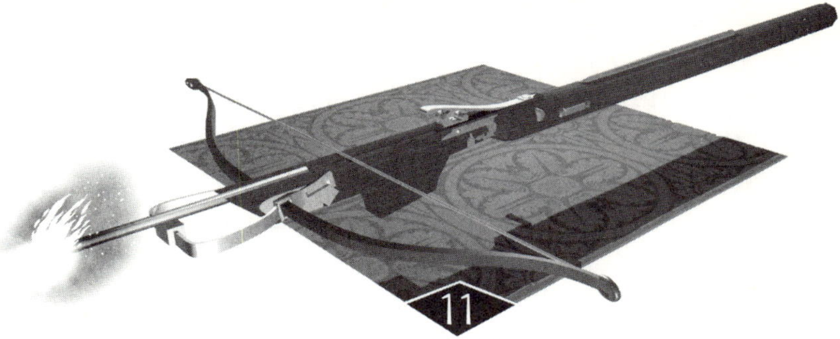

11

Retour de flammes

La silencieuse procession descend dans la cour du château, puis s'arrête près du donjon devant l'entrée du domaine de maître Pirus. La tension est vive, car chacun se rend compte de la mauvaise tournure que prend la visite de l'inquisiteur. À Montfou il s'était limité à distribuer des amendes et à enfermer quelques femmes, saltimbanques ou poivrots. Mais on sent bien qu'il n'est pas venu dans le fief de Montbrisac pour se contenter de si peu. Et l'on sait que le pouvoir de l'évêque, au travers de ses missionnaires et d'une force armée, peut se révéler dévastateur.

Maître Pirus s'excuse de l'exiguïté et du désordre de son antre avant d'inviter l'inquisiteur, le comte, puis Yvain et le seigneur de Montbrisac à en franchir le seuil. Isabeau reste dehors avec Frédégonde et les Italiens.

— Que souhaitez-vous que je vous montre, mon père ? demande le vieux mage. J'ai là de quoi être cent fois condamné au bûcher. Et pourtant, aucune de mes inventions ne contient de magie si ce n'est celle de notre mère Nature et, moindrement, de mon intelligence. Tenez, par exemple, voyez sur quoi j'étais en train de travailler lorsque vous êtes arrivé…

L'inventeur s'approche d'une table sur laquelle sont entassés dans un savant désordre des flacons et des tubes de verre, des réchauds et toutes sortes d'outils bizarres. Il soulève un creuset au fond duquel chatoie une poudre verte pailletée.

— En mélangeant des silicates de micamonium, quelques poudres diverses et du soufre…

— Du soufre ! s'écrie l'inquisiteur comme s'il avait entendu un blasphème.

— Eh bien, oui, ignorez-vous donc de quoi il s'agit ?

— Je n'ignore rien des pratiques de magie noire, et en magie noire on utilise le soufre en abondance !

— C'est possible, fait l'inventeur avec calme. Dans mon cas, il s'agirait plutôt de magie verte. Je cherche à fusionner ces divers ingrédients de manière à produire une pierre moirée incrustée de paillettes étincelantes.

Il se tourne vers le seigneur et son chevalier pour révéler sur le ton de la confidence :

— C'est une surprise que je prépare pour l'anniversaire de notre Isabeau. Je vais vous montrer où j'en suis…

Il pose le creuset sur le plan de travail, s'empare dans une boîte d'un bâtonnet dont l'extrémité est recouverte d'une croûte jaunâtre. Il le frotte sur une plaquette rugueuse qui l'enflamme aussitôt.

— Oh, le feu du diable ! s'écrie le moine en reculant d'un pas.

— Celui d'un Bâton-à-feu, tout bonnement, rectifie maître Pirus. Voyez ce qu'il se passe lorsque j'approche la flamme de cette poudre verte.

Tandis que le savant se recule vivement, l'inquisiteur s'avance. Dans un grand vlouf ! le mélange s'enflamme, projetant autour du creuset des étincelles vertes.

— *Vade retro, Satana !* lance l'inquisiteur en s'emparant de son crucifix sur sa poitrine.

Maître Pirus agite les mains pour dissiper la fumée.

— Personnellement, je dirais plutôt « Peste du puceron ! », car la rebelle refuse obstinément de se consumer comme je le souhaite… (Il s'interrompt brièvement ; la pèlerine de l'inquisiteur, sa tonsure, ses pommettes et son nez pointu sont couverts de paillettes vertes.) Oui, hum… Venez, je vais vous montrer une autre de mes diableries.

Le vieil homme conduit le moine dans une pièce où sont entreposés, voire entassés, les machines, les armes, les instruments les plus extravagants. Il disparaît quelques secondes derrière une montagne de coffres.

— Voici une invention on ne peut plus religieuse… Je l'appelle le Cierge Éternel, dit-il en montrant une énorme chandelle d'une coudée de long. En vérité, il ne brille que le temps de consumer son combustible, mais cela peut durer des mois.

Il apporte l'objet à l'inquisiteur qui le considère avec dédain. À bien y regarder, il s'agit d'un réservoir de métal habilement peint et surmonté d'un ingénieux système de brûleur.

— Invention impie, crache l'inquisiteur. Dieu et ses saints ne veulent que des cierges en bonne cire naturelle.

— Et ils ont bien raison ! De toute façon ce modèle présente un défaut… il explose sans prévenir. Peut-être pourriez-vous l'adopter comme allumeur de bûcher ? Vous l'appelleriez, je ne sais pas… le Doigt-du-père-Gonthier !

Le moine incendie du regard le savant qui ne peut se retenir de rire.

— Et ceci, maître Pirus, qu'est-ce ? demande le comte Zarkis en désignant une longue pique dont l'extrémité est armée d'une insolite arbalète miniature.

— Une invention assez peu fiable en vérité, répond maître Pirus. Je l'avais baptisée la Lance-à-incendie, mais elle est encore un peu trop sensible, si vous voyez ce que je veux dire ?

Le comte ne voit pas, mais il imagine l'usage qu'il pourrait faire de cette arme à la chasse. Tandis que le moine et maître Pirus rejoignent Yvain et le seigneur de Montbrisac dans l'autre pièce, le chevalier-loup s'empare de la lance, actionne une sorte de levier sur le manche. Aussitôt un carreau surgit du corps de l'arbalète et se glisse dans la gorge de tir. Le comte est visiblement séduit, quand subitement la Lance-à-incendie se détend. En quittant l'arme, l'extrémité de la flèche s'enflamme et traverse la pièce pour se planter…

— AÏUUUH ! ! !

… dans la robe de l'inquisiteur.

Dehors, Isabeau et Frédégonde, qui discutent près du puits, voient surgir l'inquisiteur du donjon. À ses trousses, le Félin a le plus grand mal à le rattraper pour éteindre l'incendie qui commence à lui ravager le fessier. Le seigneur de Montbrisac et maître Pirus secourent à leur tour la victime gesticulante. Isabeau remarque que les deux hommes se mordent les lèvres pour ne pas éclater de rire. Le comte Zarkis apparaît sur le seuil de l'antre du savant, tenant l'arme du crime.

— Je le savais ! s'écrie le moine. Je savais que cette caverne de l'enfer recelait des machines du démon. Haaa ! Ça brûle ! Comte Zarkis, à moi ! Comme nous le pensions, le diable a élu domicile ici.

Le seigneur n'a soudain plus du tout envie de rire.

— Allons, mon père, du calme. Il n'est de diable ici que dans votre bouche. Le coupable est blanc comme neige et maladroit comme un jeune écuyer, autant dire innocent. N'est-ce pas, comte Zarkis ?

— Alors même que votre fief, votre famille et vos protégés sont sur le point de subir la colère de Dieu, vous faites de l'esprit, sire Hugues. Cela montre le degré d'infection démoniaque de ce château…

— Quoi ? Encore un mot de cette sorte et vous m'en rendrez compte… comte !

D'un geste le Félin enjoint son maître de le laisser agir. Il se tourne vers le chevalier-loup pour lui parler, mais celui-ci ordonne à Ravageole :

— Va prestement quérir le sergent Latruffe.

Puis s'adressant à la dame de Montfou, il enchaîne :

— Dame Frédégonde, je vous demande d'informer votre escorte que j'en prends le commandement.

— Eh bien, je... Voyons, est-ce si grave ? s'angoisse la femme en rougissant.

— Oui.

— Perdez-vous la tête, comte Zarkis ? intervient Isabeau. Vous croyez vraiment que les soldats de Montfou vont lever leurs armes contre leurs alliés de Montbrisac ?

En apercevant le chevalier de Bréa s'éloigner rapidement, prenant visiblement la menace au sérieux, elle comprend que le loup peut compter sur les hommes de Montfou. Effectivement, le gros sergent arrive tout essoufflé et lance :

— À vos ordres, messire !

— Investissez la place ! Désarmez tout le monde, de gré ou de force ! Dieu vous le commande.

— Frédégonde, tu ne dis rien ? s'étonne Isabeau.

— Je... C'est Dieu... Que veux-tu que je fasse ? bredouille la dame qui s'affaisse sur son siège, bouleversée.

L'officier jette un regard hésitant vers sa maîtresse.

— Allez, sergent ! Faites vite et si possible sans verser le sang, ordonne le comte.

— À vos ordres, monseigneur !

— Restez là, sergent ! Ou je vous taille la moustache en pointe ! s'écrie Isabeau alors qu'apparaît dans sa main droite, presque comme par magie, son Bras-de-Shiva.

Elle fait claquer le fouet à double lanière tel un dompteur devant un ours. L'ours sursaute et se met à trembler de peur. Le comte Zarkis dégaine son épée.

— Lâchez ce fouet, Isabeau, ou je le réduis en lacets à corset.

— Par saint Hugues, je ne te laisserai point menacer ma fille ! s'écrie le seigneur de Montbrisac en tirant de sa ceinture son poignard à manche d'ivoire.

Mais Ravageole se plante devant lui, le visant avec une arbalète. Isabeau fait à nouveau claquer son Bras-de-Shiva… autour du cou du chevalier-loup. Elle l'attire à elle d'un geste sec.

— Comte Zarkis, s'il ne vous est jamais arrivé de perdre la tête à cause d'une femme, attendez-vous à ce que cela se produise sur-le-champ.

Le chevalier plante son regard rouge dans les yeux bleu-vert de la jeune femme. De toute évidence, il n'est pas insensible à son charme.

— Je pourrais en effet succomber à la tentation, murmure-t-il avec un sourire ambigu.

— Et moi ! Vais-je devoir rester longtemps dans cet état ? hurle l'inquisiteur en montrant sa robe en partie calcinée.

— J'arrive, mon père ! répond dame Frédégonde. Je vais vous aider à vous changer.

Le teint du religieux, livide de rage, vire au vert épouvante. Il n'a pas le temps de protester que la forte femme l'entraîne vers le logis seigneurial. Le sergent Latruffe, ne craignant plus un contrordre de sa maîtresse, se hâte d'aller accomplir sa mission.

Le Félin, de son côté, donne ses ordres au capitaine de la garde de Montbrisac resté en observation près des écuries.

12

Le Félin terrassé

Après une dernière recommandation au capitaine, le chevalier de Bréa disparaît par une petite porte menant à la salle d'armes.

— Sergent Latruffe ! appelle le comte Zarkis qui se démène comme un diable dans un bénitier pour se défaire des lanières qui lui enserrent le cou.

— À vos ordres, monseigneur ! répond aussitôt l'officier en s'élançant du fond de la cour.

Le comte tente d'arracher son fouet à la furie Isabeau.

— Saisissez-vous de cette tigresse ! Et de son père ! Qu'ils soient consignés en leur chambre… Outch ! Vous finirez bien par lâcher, femelle !

Le sergent se racle la gorge, ne sachant comment obéir alors que la jeune femme mène un rude corps à corps avec le comte. Tout en assénant des coups de pied dans les jambes de son adversaire, Isabeau profère de sourdes menaces. Mais le chevalier résiste, continuant à lancer ses ordres :

— Et jetez-moi ces... aïe ! Friponne !... ces saltimbanques au cachot !

Les Italiens se concertent du regard. Et soudain, Gubio s'écrie :

— Plutôt mourir !

Il fait volte-face, mais avant d'avoir pu faire dix foulées en direction du pont-levis, un carreau d'arbalète siffle et se fiche dans son épaule. Fiorina pousse un cri et se précipite pour le secourir alors qu'il tombe à genoux dans la boue. Son frère Giacomo se rue vers le tireur. Ravageole laisse choir son arbalète, dégaine sa dague de chasse pour accueillir l'assaillant avec un sourire carnassier. Il ne voit pas venir le poing du seigneur de Montbrisac qui le frappe à la nuque :

— Dors, pendard ! grogne le seigneur.

Giacomo se jette sur le limier qui gît à plat ventre, le retourne et se met à l'étrangler en marmonnant des insultes en italien. Le sergent Latruffe appelle trois soldats pour maîtriser le forcené. Dans le même temps, Hugues de Montbrisac va prêter main-forte à sa fille. Le comte parvient alors d'un coup d'épée à trancher le Bras-de-Shiva. Déséquilibré, il part à reculons, heurte le seigneur arrivant sur lui tel un ours furieux. Les deux hommes tombent à la renverse, roulent l'un sur l'autre. Après un court moment de confusion, le vieux guerrier prend le dessus et commence à étrangler son adversaire qui bredouille :

— À moi ! Gueueu ! À... à moi !

Dix hommes de la garnison de Montfou se précipitent pour sauver le comte de l'asphyxie. Isabeau appelle à la rescousse le capitaine de la garde du château, mais celui-ci l'informe des directives du Félin :

— « Aucune résistance ! » Le chevalier de Bréa a été formel, dame Isabeau, sauf si vous ou votre père étiez menacés de mort. Auquel cas, j'engagerais le combat sur-le-champ. Dois-je le faire ?

Isabeau hésite. Malgré son envie d'en découdre, elle comprend ce que le Félin a en tête. Il faut éviter un bain de sang qui de toute façon ne ferait qu'aggraver la situation. Elle regarde son père dont les mains puissantes sont encore accrochées à la gorge du comte Zarkis. Puis elle aperçoit maître Pirus qui sort de son antre tenant une singulière arme de poing. Cela ressemble à une minuscule arbalète et porte le doux nom de Naine Piquante.

— Maître Pirus ! Qu'allez-vous faire ?

— Du ménage ! Il commence à me chatouiller les narines, ce lapin russe !

— Calmez-vous, je vous en prie. Ce lapin est un loup et je crains le pire si nous lui résistons. J'ai perdu mon fouet, mais je saurai bien apprivoiser l'animal.

Le vieil homme la dévisage du coin de l'œil. Un bref sourire se forme dans sa barbe, puis il dit :

— Je ne sais pas si messire de Bréa appréciera cette tactique de guerre, mais enfin… je ne vous lâche pas du regard, mon enfant.

Rassurée, elle part à la chasse au loup qui se relève toussant et suffoquant comme un noyé.

— Messire comte, avant que vous ne m'enfermiez chez moi, puis-je vous parler un moment ?

Yvain sort de la salle d'armes où il a endossé son armure. Voyant Isabeau en conversation avec l'ennemi, une conversation où la belle semble vouloir attendrir la bête, il s'immobilise, relève la visière de son heaume-tête de panthère… De l'autre côté de la cour, les soldats de Montfou transportent Gubio vers les cuisines où le barbier-chirurgien du château va le débarrasser de sa flèche. Tout près de là, Fiorina mène la vie dure à trois soldats de Montfou qui tentent de lui faire rejoindre son frère au cachot.

Brusquement, le chevalier lance :

— À moi, comte, deux mots !

Zarkis tourne la tête et le fixe comme le ferait un loup surpris dans la forêt. Le Félin avance lentement, épée à la main.

— Me provoqueriez-vous en duel ? demande le chevalier blanc sans bouger.

— Je viens seulement vous avertir.

— Tiens donc, et de quoi je vous prie ?

— De vous éloigner de damoiselle Isabeau, car je suis son chevalier protecteur.

Isabeau fronce les sourcils, se demandant à quel jeu se livre le Félin. Méfiant, le comte Zarkis réplique :

— On dit que vous êtes fort habile au maniement de l'épée. Je n'ai point cette prétention. Mais pour la traque, je suis imbattable.

— C'est également mon cas.

— Dois-je comprendre que vous me lancez un défi ? Une chasse au félin peut-être ?

— Je suggère plutôt une chasse au loup.

Un sourire anxieux apparaît sur les lèvres pâles du Polonais.

— Vous inversez un peu facilement les rôles, messire de Bréa.

— J'ai peut-être une bonne raison.

— Laquelle ?

— Monseigneur l'évêque.

Le comte tourne un bref regard vers Ravageole qui vient de se relever à quelques pas du Félin.

— Et alors ?

— Allons, comte Zarkis, n'avez-vous point compris ? (Le loup garde le silence.) Eh bien moi, si ! J'ai envoyé Gilles à Clermont, pour obtenir de l'évêque la preuve de ce que je soupçonne. Car voyez-vous, des dés pipés qui sortent de la manche d'un inquisiteur comme les boniments de la bouche d'un charlatan, cela sent l'imposture.

— Yvain, attention ! s'écrie Isabeau.

Vif comme un chat, le chevalier se tourne vers Ravageole qui a remis en joue son arbalète. Yvain tire de son cuissard droit un poignard de jet qu'il lance contre le limier à l'instant même où celui-ci tire. Le carreau et le poignard se croisent et atteignent chacun leur cible… en plein cœur.

— Yvain ! NOOON !!! hurle Isabeau en se précipitant.

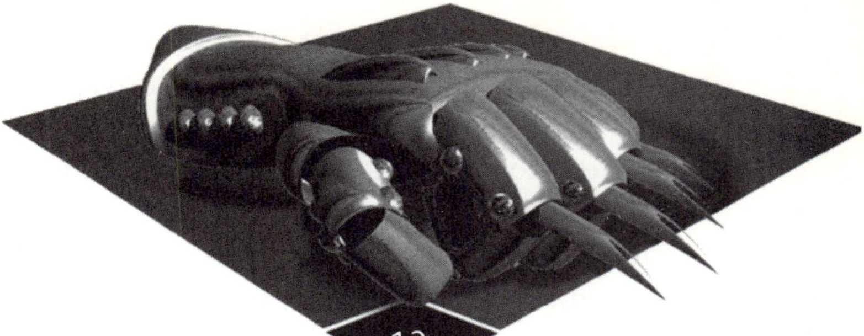

13
Chasse au loup

Maître Pirus, tout sourire, vient aider Isabeau à relever le chevalier de Bréa.

— Alors, Yvain, que dites-vous du « feuilletage d'acier » de votre nouveau plastron[1] ?

— Ne me l'aviez-vous point garanti « increvable » ? répond le Félin en se redressant.

Avec une grimace de douleur, il porte la main à son cœur où est fiché le carreau d'arbalète. Le vieil inventeur ne cache pas son embarras :

— En effet. Je m'étonne que la pointe ait transpercé votre armure… mais enfin vous êtes vivant et point blessé ce me semble.

1. Plastron : partie de l'armure qui couvre la poitrine.

— Yvain, je vous trouve bien pâle, dit Isabeau.

— C'est que… j'ai reçu comme un coup au cœur.

— En me voyant minauder devant l'albinos, j'espère ?

Yvain soutient le regard de sa belle amoureuse. D'une main il saisit la flèche et d'un coup… tire !

— Oh mon Dieu ! s'exclame Isabeau en découvrant le sang qui macule la pointe de fer.

— Ce n'est rien, assure le chevalier. Faisons comme si cette flèche appartenait à Cupidon[1]…

Les yeux d'Isabeau brillent d'émotion. Mais soudain des cris la font tressaillir :

— Yaaa ! Yaaa !

Le comte Zarkis surgit des écuries sur son étalon blanc, tire sur les rênes et tournoie sur lui-même, le temps de s'écrier :

— Adieu, chevalier Félin ! Je vous confie l'âme du père Gonthier, renvoyez-la chez elle… en enfer !

Il éperonne sa monture. Soudain, Fiorina, échappant aux mains des trois soldats, se précipite pour couper la route du cheval, l'obligeant à se cabrer. Puis elle se pend à son encolure afin de l'empêcher d'avancer. Des jurons résonnent sous le heaume du loup. Le comte se penche et frappe la jeune femme qui tombe entre les sabots du destrier. Profitant de

1. Cupidon : dieu et archer de l'amour chez les Romains.

l'incident, maître Pirus passe à l'attaque. Remontant d'une main sa robe violette et de l'autre tendant sa Naine Piquante, il se lance à la poursuite du chevalier-loup… pas longtemps. Il trébuche et s'étale de tout son long.

— Maudite vieillesse ! Si j'avais eu cinq ans de moins, je l'aurais eu ! enrage-t-il en frappant le sol du poing.

Le comte s'engouffre sous la herse où les portiers le regardent passer, perplexes.

— Nous ne sommes pas près de le revoir, grommelle l'inventeur.

— Espériez-vous vraiment l'intercepter avec ce jouet ? demande Fiorina qui l'aide à se relever.

Le savant baisse les yeux sur son arbalète miniature et constate qu'elle a décoché sa fléchette.

— S'il l'avait reçue au bon endroit, je vous assure qu'il ne serait pas allé loin, répond le vieil homme avec tristesse.

— Ne vous désolez point, maître Pirus, dit le Félin, il n'est pas encore tiré d'affaire.

— Que voulez-vous dire, Yvain ? demande Isabeau. Vous ne comptez pas partir à la chasse dans votre état…

— Je me sens très bien, réplique le chevalier.

— Mais non vous ne vous sentez pas bien ! Votre blessure est peut-être grave. Il faut que je vous soigne !

— Tant que vous voudrez… après.

— Vous partirez quand je vous aurai soigné. C'est un ordre de la fille de votre suzerain.

— Vous savez que j'adore obéir à vos ordres, Isabeau, répond le Félin avec calme, mais j'ai un fugitif à capturer et vous me faites perdre un temps précieux.

— Tant pis ! De toute façon, vous n'avez aucune chance de le rattraper ! Laissez donc cela aux sergents royaux ; tôt ou tard, ils vous le ramèneront, votre loup…

Pour faire cesser cette conversation, le Félin ne voit qu'une solution : déposer un baiser sur la bouche de la jeune femme. Bonne idée ! Elle en est pétrifiée… et le Félin en profite pour s'esquiver.

Cape immaculée au vent, le comte Zarkis franchit la petite rivière, s'engage sur le chemin qui longe la forêt puis, tout à coup, bifurque sur un sentier serpentant entre d'énormes chênes. C'est alors que son cheval commence à broncher. Le cavalier l'éperonne, l'excite de la voix, mais chaque pas lui devient plus difficile. Finalement l'animal s'effondre, comme terrassé par une crise cardiaque. Le comte Zarkis peste contre tous les démons de l'enfer, mais il lui faut se rendre à l'évidence : il devra poursuivre à pied. Il se rassure en se disant qu'il trouvera bien une monture à voler dans quelque ferme isolée ou à quelque voyageur égaré. Mais avant, il lui faut rapidement mettre de la distance entre lui et le château de Montbrisac. Tout en marchant d'un bon pas, il songe à sa chance de ne pas être poursuivi par le Félin que son pisteur a gravement blessé.

— Brave Ravageole, murmure-t-il.

Il regrettera cependant moins le fidèle serviteur, qui au fond n'était qu'un rustre, que le limier hors pair avec lequel il a tant de fois chassé. Il songe avec un certain désagrément que pour la première fois de sa vie, c'est lui qu'on traque… S'il savait qu'en ce même instant le chevalier de Bréa franchit le pont de pierre qui enjambe la rivière, nul doute que ses joues rosies par le froid redeviendraient blêmes.

Grâce aux indications des guetteurs qui ont observé le galop du cavalier, Yvain sait précisément par quel sentier entrer dans la forêt. Aussi ne tarde-t-il pas à trouver le destrier du comte. Il met pied à terre pour examiner la bête, s'interroge sur ce qui l'a ainsi terrassée, jusqu'à ce qu'il lui trouve plantée dans la fesse une fléchette soporifique d'à peine un pouce de long.

« Maître Pirus va être content, se dit-il, lui qui pensait avoir raté sa cible. »

Il se relève, satisfait, et scrute les profondeurs du bois en songeant :

« À chacun son tour de chasser à courre. »

Le chevalier-loup se retourne avec vivacité. D'abord il croit à la course d'un cerf, mais bientôt des cris résonnent au loin : « Yaaa ! Yaaa ! »

— Le Félin ? lâche-t-il, incrédule. Impossible !

« Yaaa ! Yaaa ! » C'est pourtant bien lui. Le comte scrute les alentours, cherchant un endroit où il pourra tendre un piège à son poursuivant. Là-bas, vers ces rochers…

Yvain aperçoit un éclat lumineux au loin, dans la direction des traces qu'il suit depuis une demi-lieue. C'est l'armure du chevalier-loup. L'homme est aux abois, sans doute va-t-il tenter de le surprendre au milieu des Rochers de la Vieille. Yvain revoit en quelques images nombre des batailles qu'il a livrées là, étant page, avec ou contre les enfants de Montbrisac et des villages voisins.

De son côté, le comte Zarkis choisit avec soin l'endroit de son embuscade. Il a préparé le terrain de manière à attirer le Félin entre deux dômes enneigés. À la sortie, il l'embrochera de son épée. Tout paraît si simple… qu'il n'est pas tranquille. Pourtant, le piège semble fonctionner. Après une courte attente, il entend des sabots foulant l'humus. Le chevalier de Bréa approche lentement. Il est sur ses gardes, mais il ne verra pas venir la lame qui le transpercera, car le comte Zarkis a confiance en la rapidité de son geste.

Le destrier noir du Félin se présente à la sortie de l'étroite gorge.

— Yaaa ! hurle le comte en bondissant l'épée en avant.

Il interrompt son assaut, stupéfait ; il n'y a pas de cavalier sur la monture ! Alerté par un froissement de feuilles mortes au-dessus de lui, il lève la tête ; une ombre s'abat sur lui. Le Loup et le Félin roulent l'un sur l'autre. Leur armure alourdit leurs gestes, transformant leur combat en un étrange corps à corps au ralenti. Soudain, une dague apparaît dans la main droite du comte Zarkis. La réaction du Félin est foudroyante, les griffes rétractiles de ses gantelets surgissent à l'extrémité de chacun de ses doigts. D'un coup de patte, il arrache sa lame au comte.

— Renoncez ou je devrai vous tuer ! avertit le Félin.

— C'est moi qui vais vous occire ! réplique le comte.

Les chevaliers ne pouvant ni s'étrangler, ni se poignarder, ni s'assommer à coups de poing, le combat menace de s'éterniser. Aussi Yvain décide-t-il de faire usage d'un des accessoires secrets de son armure.

— Cela me chagrine, messire comte, mais je vais vous faire pleurer.

Il porte la main à l'une des deux rondelles de son plastron et la fait sauter. Aussitôt fuse un jet gazeux hautement irritant sur le visage de son adversaire. Maître Pirus a baptisé cet accessoire le Souffle-de-Méduse. Son efficacité est redoutable ; il atteint aussi le Félin. Les deux hommes se lâchent et roulent sur le sol enneigé, pleurant, toussant, suffoquant. Le premier qui parviendra à se remettre sur pied remportera le duel…

Épilogue

Le chevalier de Bréa affiche un air satisfait à l'approche de la forteresse de Montbrisac. Le comte Zarkis, poings liés sur le pommeau de sa selle, trotte à son côté. Il a retrouvé son blanc destrier qui n'a pas encore le sabot très assuré.

— Alors, comte, me direz-vous avant que nous arrivions qui vous êtes réellement ? demande Yvain.

Le chevalier-loup a un bref sourire puis confesse :

— Je suis un vrai seigneur polonais : comte Wladislaw de Zarkowski. Quand notre fief fut arraché à mon père par un guerrier plus puissant, je suis devenu chevalier errant. Le royaume de France convenait assez bien à la vie que le destin m'imposa, et pour vivre je me mis au service de diverses autorités…

— Ainsi vous êtes un mercenaire.

— Non point ! Je suis un *chasseur*. Je n'ai aucun talent pour la guerre, seulement pour la traque. Jusqu'à ce que je vous affronte, je me croyais infaillible.

— Je crains que votre carrière ne s'achève sur cette découverte.

Le comte, pensif, se tait quelques instants puis reprend :

— Le hasard m'a amené un jour à croiser la route de ce maraud de Gonthier. Il ne s'appelle pas *de Charmieux* comme vous l'avez deviné. Il était surnommé « le Pipeur ». Il m'a fallu trois jours pour le capturer après qu'il eut magnifiquement entourloupé les gros bourgeois d'une lointaine bourgade… en se faisant passer pour un vendeur d'indulgences.

— Et vous l'avez trouvé si bon comédien que vous vous êtes associés. Je dois reconnaître que le rôle d'inquisiteur lui va à merveille, autant qu'à vous celui de chasseur d'hérétiques.

— Je n'ai fait qu'être moi-même. L'argent m'importe peu, à peine en ai-je que je le dilapide. Non, ce qui m'intéresse c'est flairer les pistes, courir le cerf, capturer le fuyard.

— N'avez-vous jamais songé que certains de ces fuyards étaient aussi innocents que les cerfs ? demande Yvain.

— Jamais, répond tranquillement le comte.

Le lendemain soir, l'ambiance est à la fête dans la grande salle du château de Montbrisac. Le seigneur offre un dîner et un magnifique spectacle de bateleurs assuré par la famille de Gubio. Après cela, tandis que Mathias fait le pitre sur les tables et joue les pique-assiette, Gilles raconte comment son chevalier lui « perça bedaine avec l'Épée Sanglante de maître Pirus ».

— Mais comment donc pareil leurre fut-il possible ? demande Frédégonde à l'inventeur assis à sa droite.

— Le manche contenait un liquide rouge qui se répandait sur la lame grâce à un mécanisme de piston, explique-t-il. Rien de bien sorcier comme vous le voyez !

— Tout de même, il faut une intelligence diabolique pour concevoir pareille mécanique.

— Je vous en prie, dame Frédégonde, réagit le seigneur, veillez à ne point prononcer ce genre de remarque lorsque les soldats de l'évêque seront arrivés.

La dame s'excuse en rougissant. Gilles repense alors à sa rencontre avec l'évêque de Clermont. Lorsqu'il lui eut expliqué la raison de son voyage, le prélat entra dans une terrible colère et promit les pires tourments à celui qui avait osé usurper le titre d'inquisiteur. À Montbrisac, terre de tolérance et d'humanité, on n'apprécie guère les méthodes brutales de la justice de l'Église. Gilles reprend la parole pour faire part de sa préoccupation. Il conclut en demandant :

— Seigneur Hugues, allez-vous vraiment organiser un procès assorti de séances de torture ? Et serez-vous contraint de mener au supplice sous vos murs le loup et son corbeau ?

Un silence de plomb s'abat. Le seigneur, embarrassé, se caresse la barbe.

— Cela me paraît inévitable, je le crains.

— Ce garçon a le cœur bien tendre, fait remarquer la dame de Montfou. Mais qu'il se rassure, la souffrance infligée ici-bas évitera à nos aigrefins[1] la damnation éternelle.

— J'ai peut-être une solution, intervient alors le chevalier de Bréa. Nous connaissons un monastère reculé dans la montagne auvergnate, fort accueillant pour le pécheur[2]…

— Mais oui ! Voilà la solution ! s'exclame Hugues de Montbrisac. Offrons le choix à Gonthier : séjourner une dizaine d'années chez ces braves moines bénédictins ou subir les supplices de la justice de l'évêque.

1. Aigrefins : escrocs.
2. Voir *Peur au monastère*, dans la même collection.

— Et le comte Zarkis ? demande Isabeau.

— Qu'il brûle en enfer ! lance Fiorina en levant le poing.

— C'est sans doute ce qui l'attend, répond le seigneur, mais je n'aimerais pas avoir à monter le bûcher qui l'y conduira…

Un soldat de la garde vient alors remettre à Hugues de Montbrisac un rouleau de parchemin. Il lui glisse à l'oreille une nouvelle qui fait bondir le châtelain :

— Fichtre Dieu ! Le coquin !

— Que se passe-t-il, monseigneur ? s'enquiert dame Frédégonde.

— Le comte Zarkis s'est évadé !

La consternation saisit la tablée tout entière.

— Et ce n'est pas tout ! Le malotru a eu l'audace de m'écrire un mot d'excuse, reprend le seigneur. Je vous le lis :

Seigneur Hugues,

Grand merci pour votre hospitalité, mais grand pardon de vous fausser compagnie sans vous présenter mes hommages en personne. Le chevalier de Bréa le fera pour moi. Dites à votre fille Isabeau qu'elle est la plus séduisante Diane[1] *qu'il m'ait été donné de rencontrer.*

---

1. Diane : déesse de la chasse dans la mythologie romaine.

Quant à vous, chevalier Félin, je vous en veux terriblement d'être plus fin chasseur que moi. Mais prenez cela pour un compliment, car je ne respecte que les adversaires à ma mesure. Nous nous reverrons… dans quelques années, car je vais quitter ce royaume. De la lointaine Jérusalem ou peut-être d'Égypte, je vous adresserai un message, une invitation à venir chasser le lion avec moi.

Comte Wladislaw de Zarkowski.

Perplexe, le seigneur considère quelques secondes le parchemin. Puis brusquement il s'exclame :

— Quoi ? Je n'entends plus rire ni chanter ! Fiorina, Gubio, Giacomo, je vous condamne à nous divertir !

Fin

À Nathalie
qui a tremblé avec
moi pour le Félin…

Table

LE FÉLIN
Agent secret médiéval

1. Peur au monastère
2. Le troubadour fantôme
3. Mystère au congrès d'alchimie
4. Les disparus de Montbrisac
5. Gare au chevalier-loup !
6. La bataille des Montbrisac

6184

Composition Chesteroc International Graphics
Achevé d'imprimer en Europe (France)
par Maury-Eurolivres – 45300 Manchecourt
le 19 mars 2002.
Loi n° 49-956 du 16 juillet 1949
sur les publications destinées à la jeunesse.
Dépôt légal mars 2002. ISBN 2-290-31760-8

Éditions J'ai lu
84, rue de Grenelle, 75007 Paris
Diffusion France et étranger: Flammarion